linfuna

诗者的织物

理论卷

林馥娜　著

羊城晚报出版社
·广州·

图书在版编目（CIP）数据

诗者的织物 / 林馥娜著. —广州：羊城晚报出版社，2022.12
ISBN 978-7-5543-1098-4

Ⅰ. ①诗… Ⅱ. ①林… Ⅲ. ①诗集－中国－当代 ②诗歌理论－文集 Ⅳ. ①I227 ②I052-53

中国版本图书馆CIP数据核字（2022）第169340号

诗者的织物·理论卷
SHIZHE DE ZHIWU · LILUN JUAN

策划编辑 王晓娜
责任技编 张广生
装帧设计 友间文化
出版发行 羊城晚报出版社
（广州市天河区黄埔大道中309号羊城创意产业园3-13B 邮编：510665）
发行部电话：（020）87133824
出 版 人 吴 江
经　　销 广东新华发行集团股份有限公司
印　　刷 佛山市浩文彩色印刷有限公司
规　　格 889毫米×1194毫米 1/32 印张15.75 字数350千
版　　次 2022年12月第1版 2022年12月第1次印刷
书　　号 ISBN 978-7-5543-1098-4
定　　价 88.00元（全两册）

目录 Contents

第三章　存在价值的原创性认识

第四章　无限地趋近人的理想存在状态

第五章　生活阅历的心灵档案

导言

给心程立下路标

诗意是一种心灵的体验，它以沉默的潜存等待引发与萌动。不断地记录与反刍，仿佛是为了修炼另一个有别于日常生活的“超我”，那个携着无形的翅膀，随时准备自由飞翔的“超我”。于是，萌动开始了。

我对诗的定义是：诗是追索存在本质，体验心灵澄明的艺术语言。而存在本质就是人与自我、人与人、人与自然、人与社会的最纯粹最真诚的关系，也就是文学所反映的人性与人道。这里的自我就是意识上的我，按照弗洛伊德的说法，本我是生理上的，自我是理性的。从诗的角度来说，“我”可以分为三个层面：本我（自然状态）、自我（有意识状态）、超我（有抱负、神性、诗性的状态）。我们追寻诗歌精神的过程就是一个从自我向超我无限接近的过程。这是在精神内核上自我修为的递进。

葆持一颗感知广阔事物的诗心，审美地看待事物，便能体会到物外之趣、精神之富。视野拓宽了，物质的范畴也便有了更宽广的边界。我们所接触的物有自然物（树木、动物等自然界产物）、人造物（飞机、轮船、货币、商品等日常物质）与想象物（龙、凤、虚拟人物等精神图腾），还有集自然物、人造物和想象物于一体的艺术品（诗歌、绘画、电影等）。艺术品是一种审美的精神产品，无论是语言艺术还是图像艺术，它都具备了“物里”的本质和“物外”的精神内涵和图腾附着，既是物质形态，也是精神图腾。在诗人、文艺家这里，物为器，用以载超然物外之道。好的艺术品，往往因其既能深入事物的本质，又能逸出而审美焕发出诗的光彩，进而触动人心。

在时间这个永无休止的圆轨中，无论来自何国、何处，人类和万物都不可避免地被纳入其中。我们在高排碳的生活中也是时间切片里的一块卑微的工业废料。每个时代敞开来，都是漫漫时空中的一块横断面，人们处心积虑的小算盘和强悍掠夺的手枪在射向目标时，也射向了自己。而审美理性的观照与诗写能使我们在感知事物中柔软，在追溯过去中汲取生存的力量，在审察世事中解除自身的局限，从而超越困难。思想上的活跃往往有助于生活上的淡定，以诗写给心程立下路标，是为了留下心灵颤动的痕迹，也是为了更稳妥地前行。其实人生就是一个不断见证、经历、处理突发事件，并将其命名为历史的过程。而知卑微而不馁，生命里的爱与痛，时代中的悲与喜，总会在文字里留下蛛丝马迹，互相印证。通过诗与思的敞露，我们得以看清自我、修正自我的价值观，从而把更适合人类生存的价值基准映射到更广泛的范畴去，正如灯笼必须先让自己成为光源，才能照亮他者。

本卷围绕审美理性所联通的心灵力量展开代际扫描与个体聚焦，探索个人与时代的关系，历史与明天的联动规律在诗中的体现。第一章由本人做讲座时的讲义整合而来，相较于此前出版的《旷野淘馥·诗论卷》中的讲座部分，此前侧重于原理性的阐述和写作方法的分析，本卷则偏向于心灵境界演进的探索。同时本卷也赓续前例，每章既独立成篇，也统摄于同一系统中，不揣浅陋地说，是希望它们能够相映成趣，形成诗学建构之一支。虽然一个人的力量很小，但一不为少，每个一都是构成参天人文大树的某条分枝，也是诗学织物的一缕经纬。

第一章

从感知力、审美理性到心灵力量

第一节
唤醒心灵的感知力

诗意是一种心灵的体验，感受诗意也是一种感知事物本质的能力。读诗、作诗是体验心境澄明，培养审美情趣的途径。那么，何来灵感启诗心？感知力是第一要素。我们常说孩子是天生的诗人，因为孩子没有成见，他们的直觉往往能在自己与事物之间达到自然通达与转换，通过视角转换呈现自我与他者的互动和通感，从而直达本质。孩子所具有的这种诗性直觉也就是感知力。而成人在社会上磨砺久了，心灵触觉被各种条条框框磨钝，感知力随之消失，人生渐趋于麻木无趣，唯有放下成人世界的各种桎梏，回归本真，才能重新唤醒心灵的原初感知力，让我们的生活更有温度，诗意重新充盈于心。

一、诗歌写作元素举例讲解及赏析

1. 感知力（体验诗意的能力）

读诗不必急于追究它要讲的主题或中心思想是什么，先纯粹地去感受它的语言、画面、场景和情绪，然后再来回味其中意蕴。重视自己的第一感觉，保持对万物、语言的敏感度，是调动感知力的途径。保持观察力和磨炼敏感度，能让我们感知到别人所不能发现的微末，而自由凌越浮世。有感知才能从生活场景中发挥联想进入创造，扎加耶夫斯基的诗《你的电话》便是从感受事物到语言呈现的过程。

你的电话

［波兰］亚当·扎加耶夫斯基（李以亮 / 译）

你的电话插了进来
正当我写着一封给你的信。
请别打扰我
当我正和你说话。我们两个的
缺席交叉着，
其中一个的爱将它自己撕开
如绷带。

由生活场景进入并过渡到诗境，这首诗就像一把开启内心生活的钥匙，开句“你的电话插了进来”就似一把钥匙直插锁孔，场景之门随之打开。此时，“我”正在给“你”写信。通常一个人在给另一个人写信，而此人恰好打电话来了，写信人应是欢迎的，但这里却来了一个转折——“请别打扰我 / 当我正和你说话”——可见，诗中的“我”和“你”并非寻常意义上互相挂念的人，由此我们可以联想到，这是两个相爱的人，但在平日的相处中，“你”这种突然插进来的行为常常打断了“我”的表达或手上正在做的事。现在这个打电话的“插入”行为恰恰重演了导致双方分离的原因。而缺席是两个有冲突的人用以修补爱之裂缝的一种方式，以暂时离开这种缺席让距离产生美，用冷静与时间避免正面冲突，是“我”试图修补关系的绑带，正在写着的“信”也是在加固绑带的行为。而这个插进来的电话，用以爱为由的喋喋不休或者责备，撕毁了正在弥合中的关系。

生活，或者说人性的复杂并非主观意愿所能左右，尽管双方都做了修复关系的举动——写信与致电，但并未能达到弥合的意图，而诗所能表达的复杂性在这里得到了淋漓的展现。这种微妙的情感体验相信存在于许许多多的人与人之间，对此无意识而又存在的心理对抗，诗人敏锐地捕捉到了，并把它用最简洁的语言与独特的切入角度呈现出来，他让我们从最少的语言中体味到尽可能多的内涵，并从日常的景象进而体验到人性的景深。读这首诗，就是进入一个无形而又存在的感应场。

2. 想象力（事物共性联想）

通过内在、外在共性的联想表达诗意，能让诗歌立体化，容易触动读者的相关体验而引起共鸣。联想力所引发的通感让读者产生了联动感觉，诗便从个人感受推及大众，由个性角度写出普遍感受。

英雄

刘年

西西弗斯，推着石头，反复地推
无休无止地推

屎壳郎，一生都要推粪球
要到顶了，又滚了下去
同时滚下去的，还有黄土高原的落日
57岁的秦大娘，每天推着儿子，去朝阳医院

有思想参与其间的诗写，能够引导诗人的自我去触及本质，并带领读者直达事物的根源。诗人从秦大娘这个日常事联想到不同的事物——古希腊神话的西西弗斯、动物屎壳郎——指无论是大人物、小动物还是普通人，他们共同的坚毅与直面困苦的行为，都是英雄的品质。这首诗让我们领悟到，并非只有轰轰烈烈的场面才能成就英雄，对于精神的坚守、日常的劳作等看似徒劳无功的事物，依然坚持守望相扶，便是一种英雄主义。而诗人将这些共性行为并置，强调了无意义中的意义，战胜虚无更是人生的持久战。所以，诗性的思考是一种自我教化，同时对于他人也是一种启迪。

万物具有互相转化的偶然性和必然性，总会在某一个内在本质、外形或临界点上相通。明代书画家、文学家徐渭的花鸟画中，最著名的是《墨葡萄》，他曾在多幅墨葡萄中题这首诗：“半生落魄已成翁，独立书斋啸晚风。笔底明珠无处卖，闲抛闲掷野藤中。”在这里，葡萄与明珠具有象形的外在共性，同时又具有双关能指——明珠暗投——喻指了作者的怀才不遇。诗画的互相映衬和事物的互通使人更能体验到其中丰富的寄意。

3. 内在逻辑、旋律（承接关系与节奏）

新诗押韵方面，诗界一直有人讨论，但既为现代自由

诗，则更多诗人偏向于放开格律的束缚。现代口语不同于古诗雅语，古诗雅语有既成意象的支撑，易形成饱满的想象空间，而现代口语因其通俗化，若用押韵更容易流于段子式的滑溜，反而有损诗意。现代的事物产生、流逝得太快，而且往往同一个事物会有多重的复杂性与价值认识上的歧义，对于新事物的诗性认识，往往要通过全新命名来确认，而它的庞杂性使它难以纳入相对简洁的同韵语言系统，故韵律的呈现更倾向于在内在逻辑和节奏上的处理。而注重一首诗内部旋律的推进，也即气韵的贯穿，这一点相对于追求词语的押韵更有难度。外文翻译过来的诗，同样也需有这种内在旋律的推进，才能有一气呵成之感。

箭

［爱尔兰］叶芝（李立玮 / 译）

以往我一想起你的美，这支箭——
这支狂乱思绪铸造的箭——就刺入骨髓。
可再没有男人的目光了，
不像当日里青春的时刻，
迷人、幽雅，
纤美如淡淡的苹果花。
如今益发美了，而我，却为了某个缘故
哭泣。往日不再。

前两句作为一个起始，写“你的美”而不直接描绘，而是以“箭”的刺入代指刻骨铭心，同时，箭也是爱神丘比特的箭，代表爱的击中。接下来的四句写“你”已吸引不了普通男人的目光，说明青春已逝，美人迟暮，激情退潮。但在“我”眼中，却是“如今益发美了”，那怦然心动的往昔再也回不去了，但灵魂之爱在心中酿成了醇厚的美酒（这首诗与他的《当你老了》异曲同工）。末尾两句是对往日夺目之美的叹惋与对流逝岁月的怀念。整首诗起承转合，语感流畅，正是因为具有紧扣的内在旋律。

4. 诗的张力（意味的魅力）

诗的语言与写文章不同，需简洁活泼，适当留白，提供想象和产生意味的空间（通俗地说就是：言下之意），避免因平铺直叙的说明而失去张力。这个张力好比是语言的舞蹈，脚步因踮起、跳跃而有了弹性。卡瓦菲斯的诗《祈祷》可以作为一个分析例子。

祈祷

［希腊］卡瓦菲斯（黄灿然 / 译）

大海把一个水手吞到深处里。
他的母亲不知道，照样在
圣母玛利亚面前点燃一支高蜡烛，
祈祷他尽快回来，祈祷天气好——
她竖起耳朵听风。
她祈祷和恳求时，
那圣像听着，庄严而忧伤，
知道她等待的儿子是永远不会回来的了。

这首诗按照作者自身的习惯，把祈祷的前因后果一一呈现，晓畅明晰，这是卡瓦菲斯的表达方式。而我们可以换一个角度来看是否有别的表现，如果把末句“知道她等待的儿子是永远不会回来的了”删去，这首诗的含蓄之美便得到更好的体现，隐忍的意绪让诗更富有张力。当然，翻译必须忠于原作，这里只是作为一个便于解读的文本来分析。

圣母作为神，是具有全知视角的，所有的事情祂都知道，首句就是全视角下的已知事实，圣母既知道水手的悲剧，也能体察水手母亲的焦灼之心，这种同体慈悲，让祂“庄严而忧伤”，而母亲却依然竖着耳朵听风，内心忐忑地祈祷着、等待着。意绪到这里已经胀满，末句的存在颇有画蛇添足之虞，这个补充说明般的句式，使激荡的情绪，鼓胀的意味气球泄了气。所以，从这首诗末句的去留中可以看出精练是诗歌语言的艺术魅力所在。

5．知识储备与精准表达（视野与词汇量对表达的影响）

知识储备和综合素质（阅读量、词汇量、观察力、提炼力和综合力等）的积累，让我们更加具有共情能力和同理心。除了能欣赏到表意的美感，也可感受深层的、更丰富、更优异的美。比如我们读唐代李商隐的《锦瑟》，一般人都能欣赏其表意的词汇之美和诗的大意，但其中密集的用典所形成的景深则需要有较深的学养才能领会到繁复之中的珠联璧合。这一景深就像看到一幅三维图中内置的剔透立体物，是一种晶莹之美的愉悦。

丰富的知识储备在我们写作的时候能够迅速被整合调

动，使表达更精准，更直达人心。我们在日常生活中，有时会对某一场景或人物有似曾相识的感觉，这种感觉会给我们带来亲切感。用丰富的知识储备去呈现诗意，调动读者的亲切感，便引起了共鸣。像红楼梦中宝玉初次见林黛玉，就说“这妹妹我见过”，其实本质上是因为性情、气息上的互相吸引，是他们所共有的一种反浊俗的精神，让他们一见如故。另外，府中的丫鬟晴雯有几分像林黛玉，这也是似曾相识的其中一个移影，黛玉是宝玉更喜欢的、晴雯形象的升级版。

我们知道有一个词叫“既视感”，就是像这种情景，某些我们曾经见过、经历过的感觉，其实是看过电影、图片或相关描述等所留下的阅历。所以各种的知识储备和见识都将为写作出更好的作品打下坚实的基础，正所谓：功夫在诗外。唐代诗人白居易形容侍妾樊素和小蛮的两句诗“樱桃樊素口，杨柳小蛮腰”就是抓住似曾相识的事物的共同特性来形成生动的喻指，使它准确地传达出鲜明的诗意。樊素的小嘴和小蛮的细腰因为这种生动的联想而获得了最大范围的共鸣，我们日常中所说的樱桃小口、小蛮腰，正是出于此。如果白居易说樊素的口很小很可爱，虽然也说出了它小的形状，但并不生动，不容易打动人，但是用樱桃一比拟，给人带来的感觉就充满鲜活的生机。

6. 创意（独创性）

创意是写作非常重要的元素，从读者方面来说，有创意的作品让人读之耳目一新，难以忘怀；从作者方面来说，它贡献了他人所未有的经验或新的表达方式。而具有独创精神的人，才能不断推陈出新，在创作道路上走得更远。

通常写春天会以描述景物的变化来呈现，而弗罗斯特这首《云影》，把风吹书页的日常场景以独特角度说出，并用幽默有趣的否定，反过来肯定春天来了，便是一个创新的表达方式。

云影

［美］弗罗斯特（赵毅衡 / 译）

轻风发现我打开的书本，
乱翻书页，东打西寻，
想找那首写春天的诗
我告诉她："没这回事！"

谁能写诗把春天描述?
但轻风不屑给我答复;
一丝云影飘过她脸庞
怕我让她找错了诗章。

"轻风""云影""飘过"，这些词语都给人一种温柔的感觉，正是春天万物复苏的和煦。尽管诗人在诗中故意说书里没有写春天的诗，也没有谁能写诗描述春天，但是春风"她"已悄悄、轻轻地来了，就在人还没有察觉的时候，自然界里的"云影"已经知道了，就像苏轼的诗句"春江水暖鸭先知"。水为什么会暖，因为春回大地；云为什么会飘，正是因为春风的轻吹。如果是凛冽的风，那就不是飘过，而是猛烈地刮过。所以为什么前面说要有感受力、观察力、知识储备等诸多元素的综合积累，这些都是为建设创意的高楼而打的坚实地基。

为了更便于解说，以本人的《寮步的猫》这首诗为例。

寮步的猫

林馥娜

鸟鸣在早晨叫醒光
佛灵湖在氤氲面纱下
澄静洁净，不为世人所知
落叶铺上车身，森林同化人造物
寮步的猫也是薛定谔的猫
你不知道它
何时踩着梅花桩
探看过敛息的炭黑引擎盖
多少内存马力积蓄着
用于施行对纷乱世界的退行
并随风潜入莞香木

为什么首句用光被鸟鸣叫醒？光本来不用叫就会破晓而来，这样写就是为了运用有别于常态的角度，创造独属于自己的言说方式。另外，它也是作者亲身的第一体验，在睡梦中听到鸟叫声而醒来，才看到了晨曦，所以从这个角度来写既在意料之外，也在情理之中。而诗中用了“薛定谔的猫”这个科学原理，既是开启一个专属、贴切该诗的新意象，也说明一切皆可入诗，且这首诗同时是区别于其他诗的唯一。随着城市化进程的深入，生态保护与工业发展正像薛定谔的猫一样，成为一个悖论式统一的两极。这首诗就是关于这个主题的思考。其中的“梅花桩”意象，既是猫爪子落在引擎盖上的印痕的象形，也是对猫踩跳时那种无声无息的形容，就像武侠的轻功。作诗需尽量做到多维度的集束提纯，以期万象共冶，诗成唯一。

二、写作的阶段

对于初涉写作者，写作从无到有，看似难度极大，实际却也有法可循，除了注重学习和观察，动手开始写就迈出了第一步。以下是简略概括的三个写作阶段。

（一）无技术的感觉表达阶段

1. 第一感觉，把你所体会到的诗意、想说的话先记下来。诗歌没有标准模式，不像做试题有统一答案，你自己的感触就是最好的答案。保持和培养对事物的敏感度，不只是为了写诗，这对以后的人生是很有益处的，它会让你看待和处理事情有更多的角度，也更能从本质上去处理问题。

2. 从感动你的事物开始写，会比较容易写得生动，有感而发的诗有一种从内在散发出来的生机，能打动人。

（二）形式（技艺）磨炼为主，感觉相辅

写出文本后再重新审视，看看是否有更恰切，或者更多样的表达方式，让诗更立体、丰富，意境更加开阔。若能灵活运用各种见识，多维呈现，则更能引起他人的相关体验与共鸣。

（三）忘掉技巧，形式为辅，立意为主

写作的同时，之前所训练的技巧，已自动为你当下的感受匹配了相应的表达角度，只需注重主题与立意的境界。

所谓“言之有物”，此物不是指物质的物，而是精神境界的可感性体现。所以，我们从感知事物到传达诗意，都是在唤起自己或他人的心灵感知力。

第二节
诗歌的审美理性

每个成熟的写作者，必然有一个审美价值，这个审美价值是一路走来不断积累、总结出来的参照系，即审美理性。审美理性是精神力量的体现，包括学养、世界观、思想境界和独立精神的自我警醒等。诗人通过对人和万物的存在状况的省察，不断地以诗对存在境况进行审美，并在诗写过程中做出总结，从而形成了诗歌的审美理性，它反过来又引导了诗的创作。

少时向往远方，渴望挣脱束缚，年岁渐长，看着日渐老去的父母和历经身边亲朋的休戚，心便越来越柔软，便有了更多的回望与眷顾。而诗思也随着人的成长而调整着目光的焦距，写作初期的目光落在远方，其实这个远方尚处于虚幻中，因为阅历的浅薄，仍处于短视的状态。中期的目光落在理想的追求上，虽有所依持，却不免高蹈。成熟期则视野渐清，兼顾了近与远的折中，理想与现实的较量与和解。去爱，也是一种能力。懂得爱身边的一切事物，由近及远，由己推人，而渐入澄明之境。诗歌便是日常生活的远方，让精神去流浪去拥抱辽阔。在无意义与琐碎的日常轮转中建立人生的意义，将被虚饰僵化的事物剥现出柔软的本质。

诗的本质是修心，只有把心灵修炼为一片旷野，缘情、状物、寄意与言志等诗写才会更加辽阔丰沛。这种修炼是从本我、自我到超我的过程。在生活中做一个有情怀的人，在诗写上追求心灵力量与技艺的共融，诗学上起一个价值建构的作用，个人的力量就算微薄，它也是一颗独立发光的小火苗。

罗马尼亚文学家埃米尔·齐奥朗说："对于一个作家而言，重要的恰恰是他呈现偶然和细微的方式。艺术中，要紧的首先是细节，其次才是整体。"所以诗的及物和扎根是避免虚妄的途径。从细微处入手，渐次扩大，直到最后的旷远。所有的细节构筑了整首诗的氛围，就像古诗句"风定花犹落""鸟鸣山更幽"般，以静衬动，以动表静，达到以细节立境界的艺术表现。从而把感悟到的诗意再现于诗境现场中，并获得审美的心灵领悟。

在人生的旅途中，我们可以用诗歌淘洗被尘世蒙上灰尘的心，让它返归本真。诗歌虽不能解决现实问题，但它有助于内心的淡定，相对于现实的某些残酷，诗歌的诗性正义给人以致幻性的安抚和精神烛照的洞明。多少激越与颓废，在诗性思维的滤器中，又再次回归澄明的静美。爱和本真永远是人生必须追求和拥有的真理，只有本真才能抵达本质，只有爱才能穿越生死、空间、年龄和沉默的事物，直入人心的柔软腹地。诗人可以是柔弱的，但内心必是坚韧和宽阔的，诗人对生灵、万物之爱犹如叶子扶风而舞，翩然相洽。在诗人眼里，万物皆有其语言，它们或仗诗而言或借事而语，诗人就是其间的信号转换仪。构成这个大世界的每种细小分子，都蕴含着以小见大、见微知著的自然规律，所以，小的事物也可以引述出大情怀。

把生活经验提炼为一种普遍的生存真相，让隐秘的真实与存在的真实对应统一起来，使人们在阅读及回味之时，不禁颔首：是的，是这样。美的情怀、语言与价值观也便犹如种子落在更宽广的心灵土壤上，生长出语言的花朵，结出美善的果实。而诗人的持续写作，就是对修辞与诗思无缝对接的无限磨炼与趋近。

当前文学界除了部分视野较为宽阔，思想较为清醒的创作者，其他作者普遍显示出两个极端，一方面是沉溺、重复过去，过于守旧；另一方面是走到解构的极端，缺少价值建构和对价值缺失的钩沉。另外，还有市场因素的影响，一些文学作品过于倚重社会性和读者的接受程度，相对也影响了其纵深度与曲折性的开掘，而呈现一种与网络特性相近的即时感，缺乏思想境界上的超脱。诗人、作家需要有更宽阔的视野，把社会伦理、道德伦理、人伦关系等融汇于作品，为时代保存记忆，在反映辽阔大地上人们的悲喜的同时，发现时代的症候并对精神价值的缺失进行修复与建构，致力于形成融洽的人文环境，给他人与未来带来启示与展望。

第三节

心灵力量的生长

漫天的雪是美丽的，但终归是要落到最低处；在低处化为水之后，其中的一部分又在特定环境下蒸发为云雾，再凝结成雪花。诗就是低处之水向上提纯蒸发的结果。我向往最高处的诗学之美，而又紧紧扎根于最低处的生命之基座——生活。诗就在身边，只有把自己放下，融入于万物之间，在最低处才能拥有感知存在的敏感。

在多年前的某一个雨天，看着路边柔弱的酢浆草被暴雨压弯了腰的同时又摇摇晃晃地反弹而起，仿佛坚韧的弹弓般不知疲倦地屈伸着。在打击下一次次地颤抖一次次地崛起，这和人生的历程、人类的命运何其相似啊。这一刻，我的眼界仿佛是第一次被打开，周围的景物都变得那么的动人，而我的心也感到了前所未有的宽宏和沉稳。原来每天木然无趣地经过它们，它们也一直在我的眼中出现，却从未在我的意识里存在。而在写作中，往往也会因为只顾着向目标地孤独狂奔，而忽略了舒缓四顾，体验万物有情的过程。情感必须以理性作为底色而不致走向疯狂，同时也要警惕把麻木当理性而丢掉感知力。

从身边的、此在的、个人的角度出发，这些“原始材料”才是最独特、最蓬勃的个人感悟。我们必须先感动自己，让自己的生活充满活生生的气息，诗歌才能有动人的生气，而不是固积匠气。因而我希望自己能时刻对生活葆有审视与质问、感恩和宽容、梦想和追求。从不断泯生的理想，从日常生活的美好到精神生活的美好，去追求诗意的存在，达到诗意地栖居于生活，而不是生活在别处。正如我的格律诗多表达的是生活，现代诗更偏向于审美。当然两者的终极价值是同向的，只是花开两朵，各表一枝。有趣的是古典情趣恰恰是让我们能抽离生活，获得超脱的精神；而现代性往往让我们从阔大纷乱的外界聚焦于目标价值的审视。我认为这是一个美妙的张力场，既仰望星空又脚踏实地，令人免于虚妄。

生活也含有个人生活与公共生活，洞察公共生活之中所隐匿的共同命运和价值趋向，并与自己独特的视角和诗艺结合，从而达到写个人生活而能蕴含人生况味，小我之中有大我，诗歌便具有了心灵力量。诗歌的力度可来自思想，也可来自词语的干脆利落所形成的张力。张力还可以从冲突与落差上获得，也可以从叙述的节奏感上形成一种紧绷的力量，但最重要的，还是要有思想在其中形成骨骼。

通常，我们体验着他人与自我的遭遇而不自知，而当我们静下心来回味走过的年月，我们会发现，“世事正如沧海水，早潮才去晚潮来”，许多的大事件和小历程组成了人生的喜怒哀乐。心灵力量是诗歌的骨架与人生的灵魂，而我们经历和感悟到的生活，是让它活色生香的血肉。技术上的处理则是从言说方式、语感、排比和内在节奏等方面使其达到更具力度和气场的手段。诗人通过生活与诗歌的相互担当，承载起诗与思，现实与梦想，从而走向广博混沌的灵魂升华之境。

邂逅诗意，是一种心灵的遇见。读一首诗，思绪因其意蕴而放飞；写一首诗，一次灵魂之旅随之成行。诗歌是心灵的文本化照片，它为我们定格某一时段对自我与所处环境的所感、所思与所悟，记录下个人的，同时也是组成时代一部分的历程和履痕。诗不像一个工具那样有特定的实用之处，但它会对我们的整个人生产生作用。小到对个人气质的修炼，也即“腹有诗书气自华”；大到处世为人的自省、自律与独立精神的培养，诗歌无不以潜移默化的方式影响着我们的生活。

诗人的写作就是这样的过程——在向终极价值的求索过程中，沿途承担并记录着风声鹤唳、鸟语花香、美丑悲乐……让自然（物质）之象和灵魂（心灵）之象融合在一起，形成创造性的多重结晶。而由七彩光芒、大气积聚而成的贯气长虹就闪烁在前方的终极之巅。

第二章

代际经验的显现及其审美理性

诗歌是最具非虚构性的文体，诗人的真情或虚饰都很容易显露于人前，因为诗人在创作中会自觉或不自觉地流露出自己的审美理性。诗是感性的，它从感知事物中来，但同时它也蕴含着审美的理性。从思潮和标签式划分来分析诗歌创作是不可靠的，而从诗歌的本质，也即蕴涵于诗中的审美理性来辨识是一个更知性、更贴近诗歌这种文体的做法。德国哲学家伊曼努尔·康德认为知性是介于感性和理性之间的一种认知能力。对于诗歌的创作、赏析和诗学理论的概括、形成正需要这种知性的认识。

代际与流派群体在现今多元裂变的价值观中已无法达成风格上的整一性，但可以在文本的内涵中厘清审美理性的相关与相异点。价值裂变的原因有许多，其中主要的有社会风潮的快速变换，也有在其影响下各自侧重于某个方向的分支。相对于大量存在的，处于农耕文明语境的诗歌文本来说，城市诗写作具有创新的先锋性，同时也将是未来的发展方向，故以下将从城市诗所形成的代际经验中追寻其审美理性。

第一节
时间的城市，历史的城市

城市与时间本来是没有相交点的单独存在，却因为人的存在而形成了间接相系的关联方，并通过独特的表现形式——文学创作，而拥有了记忆。一些优秀的诗人将时间生活、空间生活中得到的个人经验与公共场景，集体记忆糅合在一起，形成了多维的呈现，从而完成了从时段性的场景过渡到历史场景的文学记忆。相对于国内其他地区，广东城市诗歌的诗写还是比较普遍的，这其中有地理上的原因，因为改革的先行一步和现代化的推进使西风东渐，从而为广东带来了经济、生活、思想各方面的冲击力而促生出诗歌的新质。下面由全国范围的梳理出发，进而聚焦个体诗文本的细读，并展开对城市诗歌发展的精神探索。

中国的城市诗歌与西方在时期上没有横向的可比性，因为时代发展的前后不一和国家体制、文化背景的不同，由此所产生的价值观等影响也自无可比处。而从国内纵向的浏览中，也可以说没有一条明确的串线，不像“朦胧诗”“第三代”“中间代”“70后”“80后”的命名这样，虽属权宜，但也有一个时序的梗概。中国现代化城市的发展是从20世纪80年代开始，在这之前及以后的每个诗歌时代都有零星的城市诗歌写作，虽然所占比例极少，但在个人阅读视野所及，也不乏一些让人记得起的诗歌。

不同的时代背景下，诗歌留下了各自的时代记忆，食指离开北京到白洋淀插队时写下了《这是四点零八分的北京》，诗中攒动的“手的海洋”，表象上热火朝天的这些公共场景和“不知发生了什么事情”的混沌的个人感觉互相契合，反映了那个时代特有的场景和症状，从而衍生了它的历史性。接下来是北岛他们的英雄主义，直至对英雄主义进行了解构的韩东他们的《有关大雁塔》时期，以及于坚的《尚义街六号》所传达的人们处于城市开放时代初期对前景及价值取向的混乱与摇摆。这些都是在各个阶段得以广泛流传的诗歌。

到了90年代，城市发展的脚步已经快速到有点脚不沾地的忙乱，因而产生了瓦解、反叛及灰调子的诗歌，宇向的《绘画生涯》，就反映了从无奈地接受生存的迫逼，到物化的现实状况对理想的消解，直至游走在颓废与希望共生的灰色地带中的城市生活，这时急速旋转的生活与精神追求的冲突已不能简单地用白与黑去判断所处的当局。而在20世纪末、21世纪初，越来越趋向于“地球村”的社会也产生了许多公共世界的危机与契机，信息、能源、环保等大环境问题也不可避免地进入了诗人的视野，姚风的《大海真的不需要这些东西》，就是关于环保题材的作品，这首诗化批判于无形，表达了一种向内的自省与审视，既是要为整个人类对自然环境肆意破坏的行为敲响警钟，也是对自己的警醒与敦促。在批判主题的诗歌中，我较喜欢这种表现手法，它有一种让人们意识到自己就是社会的一员，从而领悟到要“从我做起”的韧性力量，而不是简单地把责任归于社会，以高企的姿态做出超越其上的批判。而在历史的链条中，一个城市乃至一个民族、国家，如果不注重让自己的文化在延续中不断地重建与衔接——既注重固有的辉煌也融入新的文化元素、形式，以真实的存在让人们对自己的文化有自豪感与融入感，那无疑会在断层中衍变成一种巨大的损失，文化的软力量是不可估量的，它往往在不知不觉中就已渗透到生活的每个角落里。雪克的《呈请领导参阅》正是反映了这样的问题。从“哈日”时期到“哈韩”时期两个阶段，两代人的经历，竟是如此的相似，难得诗人有这样独到的眼光。

第二节

城市诗歌发展的迟滞因素

从诗歌文本上来看，城市诗歌虽然有一些存留在人们记忆中的文本，但大规模地进入人们视野的现象并没有出现，这和城市化的进展是不对等的。而且大部分的城市诗是在农业背景下偶尔的涉足，虽然有些写作者也在城市生活，但却是用惯常的农业背景、语境与否定的观念来观照城市。因为没有与现实的物质或图境相联系，所以产生出来的城市诗是只有枝节而没有血肉的标本，是伪城市诗。

导致城市诗歌迟滞的因素也是多方面的。首先，它与历史的重文轻商思想有关，虽然诗人也有正在从商者，也有渴望从商者，但一回到诗歌表达上来，却依然坚守着精神上的洁癖，集体构建乌托邦，集体回乡。若是真正地反映城市化过程中的农村倒也真实可赞，但这些农村题材、背景的作品触目多是“记忆”中的农村，是早已成了“别处”的生活。其次，因为文化的进步是缓慢的，它需要积淀与去芜存菁，而科技的发展、社会的进步是快速的，所以文化相对总是滞后于时代，这其中也有主流传播的落后、传统思想的审慎所形成的一部分阻力。最重要的一点是，诗写者的惰性和不能把握现代事物的内涵使然。乡土诗歌可供借鉴与研读的文本经过古代与近代长时间的积累，已经有了一定的量和质，一些业已成形的隐喻也让诗写者可以驾轻就熟地化用表达。而现代事物是全新的，没有任何参考体系，必须要创作者去深入事物的内质，像石油、期货、电话、汽车、动漫，这些从未有过意象的新事物，我们要如何从无到有地生成新的意象，形成文学记忆，这不是一朝一夕能建构的，也有可能是吃力不讨好的，所以，大家都拣捷径走，由原有的路上山，而不去另辟新途。

评论家张清华说过，中国的诗歌经验和历史发展轨迹有同构之处，是从南方到北方。由于广东处于改革开放的前沿，诗人对于时代脉搏的跳动无疑是敏感的。早在20世纪90年代，杨克便开拓了城市诗歌的写作领域，世宾则于2000年进行了“诗歌污染城市”的诗歌行为艺术。

第三节
城市诗歌的价值取向

综观城市诗歌的写作，大部分属于批判类型，一方面是波德莱尔诗歌的模范作用；另一方面是诗人真正对城市从心里接纳并同呼吸的不多，因为现代社会的精细分工使人们不得不将自己打造得专业化、机械化，以适应竞争机制及急速发展的现代化脚步，就像每天所面对的打卡钟，哪怕只超过一分钟，记录卡上打印出来的结果都是迟到的红色警告。因而，人的个性在社会的流水线上受磨损、受挤压的同时产生了逆反、愤懑的心理；还有一些是因为诗者想划清精神与物质的界线，以物质享受为恶，以显示自己的清高，这是受传统思想中一向对什么都要总结出其"崇高意义"的定向思维所左右，好像不把事物升华到一个高度，就无表达的必要。殊不知诗意是多样性的，不只是言志、遣怀的体现。没有物质的基础，精神也无处承载，一个诗人没法最低限度地养活自己，本身不独立的情况下，如何承托精神上的独立，创作上的独立。

物质欲望太强会荒芜精神生活，但割离物质生活去追求精神生活，则流于为诗而诗的空洞，只有深入到生活内部，以主体的意识去拥抱生活，经历从激怒、批判，到妥协、融入，再上升到个性呈现的过程，成熟的城市诗歌文本才会出现。在物质化的社会中，表面的物质追求潜在的是价值的追求，由物质带来的感官享受是狭义的价值，广义的价值是社会价值与每个人心中的价值取向，这是一个精神的标尺，在当今多元甚至芜杂的现状中，有赖于我们在实践中建构起具有当下审美向度的新价值体系。

“打工诗歌”作为城市诗歌的一种，表达了农民到城市后的角色转换及其过程中的变化，但大部分的文本都太过于神似，像同一个模具印出来的批量产品，一味地诉苦、一味地批判物质的侵蚀，甚至连事件、句式都像孪生兄弟，集体迷于当局而不可自拔。大家跑到城市来干什么，追求什么，而自己的价值追求在哪，是否沉没于物质的漩涡而不能自持，或者因为潜意识里害怕不被城市接纳而进行反接纳，物质是否就毫无诗意……这些都是我们必须思考及承担的，物质文明是社会发展、生活舒适、国家强大的基础，是我们所应该面对的，而不是自欺欺人地去避开它。就算是一件身外之物，也承载着人的情感，一个物件，如果是爱人或朋友所赠，这物就包含了两者之间的交情和记忆；而买来的物，也会因为喜欢程度与使用中的记忆而附着了“意见”。面对一对乳房，如果我们屏蔽了感受力和想象力，单纯从科学及应用的角度来分析，那么她只不过是一团物质，对婴儿来说也只不过是输送食粮的物质工具，但就是这样一团物质，却成为多少作家、诗人笔下充满美与爱，母性与根性，激情与慰藉的歌吟对象。可见诗意先于我们的描述而存在于物质中，存在于生活本身，我们只是对她视而不见，只是远远地在分析她，而不是放开胸怀去拥抱她、感知她。

俄国女作家、思想家莎乐美感叹曰：“啊，生活根本就是一首诗！我们不知不觉体味它的韵味，一天又一天，一滴又一滴，它以不可触摸的整体，叫我们诗化。”是的，生活本来就是诗，只要我们不观念先行（事事寻求意义）、感觉滞后（耻于承认心灵的颤动、对物质的享受），不违背生命的感觉，不过度压抑在内心埋藏着的、喷泉一样要迸发出来的情感，我们就会生活在诗中，并再次进而诗化生活。生存（这里的生存不仅仅指活着）压力在每个阶层、每个时代、每个国家都存在着，这也是时代前进的必由之路。就像美国在20世纪初的飞速建设，正是由中国及各国无数的劳工的血汗所构建起来的，当时漂洋过海的打工者所遭遇的苦难，远非我们今天的人们所能够想象。正视这些才能在不断纠偏扶正中超越，争取让生存环境趋于稳健、和谐；沉迷则只能造成积怨及颓废滋长。

内在的价值才是决定生存质量的因素，诗意的缺失让人心灵枯竭，而外部物质的富足并不能充实人的精神世界。为什么那么多出外打工的人都怀念故乡，实际上是怀念那种松弛闲适，邻里鸡犬相闻，相守相望的和谐精神。城市因为激烈的竞争，已失去了那份人与人之间的温存，而写诗的人，正是在培养大爱精神，创造这种失去的温存，以文化充实心灵，用诗意融洽人心。在这个信息量和娱乐方式空前多元的时代，我们可以用各种各样的方式填补闲暇的空隙，但我们却没办法用任何外在的事物代替精神的空虚，因为精神的充实倚仗的是能使心灵安妥的追求。而在生活中寻觅诗意，是使我们心灵丰盈的蹊径，缘径而达的，便是内心安宁的桃花源。一个城市要成为一个诗意的城市，正是在于让诗歌走向大众，扩大诗歌精神的感知群体，在高度紧张的生活节奏中放缓心灵的脚步，缔造和谐的人文生态。

第四节
现代性的探索与表达的多样共治

随着工业化的深入，商业文明也随之进入我们的视野。商业文明在我的拙见中便是我们所生活的都市里的生活现象和节奏，比如电子商务；比如文化进入商业操作时的价值取向；又比如高楼大厦和大厦里面的人们的生活及精神寄托……农业文明的歌唱在这个商业时代、数码时代只能是一个“生活在别处”式的精神留恋。而我们的诗歌如果不是来源于生活，就没有了灵魂。虽然城市的高节奏和物化在淡漠着人的内心世界，但作为诗人，不正应该让艺术激活人们日渐麻木的灵魂吗？！为了适应现代社会剧烈的竞争机制，我们在向专业化、规范化的方向修正着自己的知识结构和行为，思想也在无形中被慢慢改造成一台适应工作的机器，人的存在感、痛感在渐渐麻木。而文学的责任就是要警醒我们保持作为人的尊严和清醒。雅斯贝尔斯曾说：“艺术创造就是一种人的存在的发现。”是的，任何生存阶层的人都有其生存的阴影，艺术家的职责就是深入所生存的时代，去批判黑暗、颂扬光明，展示悲悯的人文关怀和对理想的追寻。要开拓一条有别于农业文明的新路子并不容易，但不管路有多难走，还是有一些有志之士在坚持走第一遍的路，直到有人来走第二遍、第三遍，路也就慢慢走宽了。

城市诗写作中不可避免地要经过现代性的审视。现代性包括科学技术的现代性；社会的现代性（“地球村”的全球经验互动化）；公民意识的现代性。我国目前在前两者上都有长足的发展，但公民意识上的现代性却处于滞后状态。社会尚处于人情社会的旧模式惯性中，需要更新而走向同理性和思想价值的探索与启蒙。

诗人西川谈论过“中国当代诗歌欠缺的就是当下存在的社会主义经验的处理”的话题，并说到了“我们如果不表达曼德尔施塔姆的痛苦，而表达我们自己的痛苦时，就显得非常捉襟见肘，你找不到一个非常恰当的方式来谈你自己的难过”。也许可以说“钉子诗歌”（本人写过关于拆迁的诗歌《钉子》，为了便于表达，这里权且这样名之）是有别于其他社会主义国家的经验，但是必须强调的是，这种经验是具有高度的精神自治，具备可输出性的、有效的价值经验。不是拆迁这一社会经验，而是反对“野蛮拆迁”之类的时弊所表现出来的钉向弊端的钉子精神、公民意识。

从一个社会事件——旭日阳刚与汪峰因为歌曲《春天里》而引发的争论来看，社会大众的意识还停留在人情社会的旧套子里，法治社会的春天还远未到来。大多数的群众还是在情感驱使下偏向“弱者”，而没有理性地认识到作品的版权所有者的权利。但“春天里” 事件的争论起到一个公民现代性的启蒙作用，使以人情为判断事物准则的大众明白了法治的原则。而具有政治体制、社会机制、人文景观等多维现代性的文学作品将起着思想层面的公民意识普及作用。如何使这些价值取向体现在诗歌内部，形成审美理性，这是有担当的诗人们要努力做到的。

面对现代瞬息万变的当前事物，更适合的表达方式，应是对市场经济、商品洪流、信息轰炸等不逃避、不抵触，面对现实，客观地呈现城市的事物的方式，提供一个可能性的价值思考，这样的文本才经得起研读与拓宽。从表达形式来看，口语化的诗歌在21世纪的兴盛应该说有它的必然性，口语诗在《诗经》等古代篇什中早已有之，但真正大范围、大幅度地进入人们视野是在21世纪初的时候，这并不是评判“口语诗”的好坏，而是指出它的影响力度、深广度与覆盖度。城市化是社会进步的必然走向，人们不得不正视摆在眼前的事实。但现实的纷纭复杂和价值观随着商品时代而产生的摇摆让人无从抒情，一部分的诗写者已有意识地从自己所熟悉的日常生活的入口处开始，试图打通城市诗歌的路径。而口语对于城市诗歌来说是一个比较容易进入的方式。因为对于新事物的认识，往往要通过命名来确认，而口语是正在使用的日常语言，是最贴近每个时代脉搏的，对最新的事物有着最初的敏感，简洁而生动，也更容易走近大众，缩小技术上的边缘化。口语可抒情、可叙事、可调侃的自由变换对诗写的准确性和诗意的拓宽是有一定作用的，所以，适当使用口语（区别于口水化的口语），与原本的各种抒写方式共冶一炉，对于表达的裕如应是有益的。

城市到了21世纪已经进入成熟阶段，跨过了一味追求各种经济指标蹿高的时期，正是推动文化发展的时候，我们必须有正视物质的奠基作用的态度，更换旧有的观念，在构建新的价值体系与人文关怀中，体现城市温暖和谐的一面，毕竟，追求美好是一切文学创作的终极指向。人们所依仗的信仰，对个人来说是心态，对社会来说就是一种文化。从诗歌上来说，这个信仰就是坚持诗歌精神的爱、美、自由、共生等大境界上的方向，同时又充分发展个人表现、个人关注点上的创新与独特性，当个人的好心态与社会的大准则（大爱、大美）形成良性的循环，那么这种多元发展与大方向上的相辅相成便形成了和谐的人文景观。

第五节
新诗写作的现代性转换

现代性已不是一个新的提法，但却是一个贯穿于每个人写作历程的参照系，随着时代境况的变更，现代性也随之演变。前面说过：现代性包括科学技术的现代性；社会的现代性（“地球村”的全球经验互动化）；公民意识的现代性。我国目前在前两者上都有长足的发展，但公民意识上的现代性却处于滞后状态。

一、观念、语境、知识及认知上的现代性

意识上的现代性在写作上又分为观念（公民独立意识、价值取向等）、语境、知识及认知上的现代性。

文学，尤其是具有知识分子情怀的诗歌写作者所担当的就是对所处的社会保持清醒的独立状态，体察价值缺失，反映个体对当前社会境况的体验与生存经验的处理，从而呈现诗性的价值追求。这种观念上的现代性追寻需要写作者持续的在场与观察，才能敏锐地捕捉到时代症候的流变。从朦胧诗时期的英雄主义精神所呈现出来的对当时集体主义的反省，到第三代的日常主义所呈现出来的以个性与庸常反对虚假高尚，我们可以看到诗歌在起着价值引导的作用。而在21世纪，在我们的公民意识现代性相对滞

后的情况下，这就是诗学应努力的方向了。具有政治体制、社会机制、人文景观等多维现代性的文学作品将起着思想层面的公民意识普及作用。[1]

语境的现代性可以“中国山水田园诗”的变革为例来说明。山水田园诗总体来说是在追求一种理想的栖居地与心灵的安妥，这一点是可以守恒的，但在言说上，则须随着时代的变革与现实境况而有所演变，一味地抒写“记忆”中的乡土已脱离了诗歌的现代性，会出现滞后与割裂感。在现代，中国乡土的普遍状况是——虽然还有一些自然环境，具有山水田园诗的产生条件，但都处于无可避免的城市化大潮中。故抒写也随之演变为写景与寄意各半，且寄意多为思辨式，既有对美景的眷恋，也有对日渐被破坏的环境的思虑，还有一部分诗人所抒写的“徘徊在城乡之间的惘然之诗”[2]。而随着城市化程度和现代生活方式的不断深化，山水田园写作的未来走向极有可能偏向于表现圆融式的生态景观，注重人与自然的和谐共存。落实到诗歌上，应是在现实与理想中营造胸有山岳、腑生清气式的心灵旷野，随遇而安的禅静之境。

知识的现代性则指对新知识的掌握是决定诗人运用现代技术达成学习与写作的手段。在现代技术的运用上，微信诗群的迅猛发展是一个典型，诗人们以微信群为平台，利用微信的即时沟通与随时随地的便捷性——在此之前虽然有QQ群的存在，但远不及微信群的即时交流——与公众平台随时发布、转发的传播强度及广度。诗群的典型性在于其利用新技术所达到的即时互动与互助。

认知，是对事物的认识，包括上面所说的掌握新知识和对新、旧事物更替的知晓与理解，并重新赋予其诗意。比如通常我们说新晒的被子有阳光的味道，在原来的写作中，我们会偏向于赞美阳光所赋予的温馨，但有研究告诉我们，那个味道是纺织物被太阳炙烤发生化学反应而形成的臭氧的味道。当我们掌握了这些信息后，显然不可能再简单地把它作为阳光味来对待，而是对其进行重新命名，这种命名便是你自己应用于诗中的、有别于他人的独有语象。另外，还有语言与喻体的现代转换，比如鸳鸯在古代被作为成双成对的借喻体，但鸳鸯现在已列入世界濒危鸟类名录，若把它们放在现代诗中则显得陈旧，有隔阂之感。如果把它置换成一对勾颈的呆头鹅，岂不更亲切有趣。

二、现代性之下的微时代写作

当诗人的写作完成了现代性的转换之后，所面对的便是微时代写作的异质开掘。微时代既是指微博、微信，也是指大量的信息轰炸已无孔不入地渗入到每个人的生活中。微博、微信的普及无疑给交流带来极大的便利，但同时也因为其极速的传播，世界早已成为“地球村”。边缘地区虽所处边远，但庞大的信息流传削弱了地区之间的相异性，也降低了文学作品的辨识度，是时候重提本土的独特性了。另外，虽然大量的信息对边缘地区的作者而言是增长了见识，但也因为信息过于庞杂而容易丧失价值判断，这就需要通过交流、思想碰撞与不断总结来形成价值追寻的风向标，从而引导个体生成各自的审美理性。诗人黄礼孩在2015年年底提出了“省际文学”的概念，重新回到地域的出发点，并提倡省际互动。窃以为这种整合地缘势能的方式为诗人的写作提供了一条迂回之路。各地区的风俗、古迹、语言等各方面的沉潜部分都有可供挖掘开发之处——比如在语言上，方言是文学的一个富矿，往往在形容事物上更为精准到位，我们如何把方言运用到文学创作上而不造成方言之外的读者的阅读障碍，这就需要进行词汇的取舍，并让前后句子的衔接具有关联性，这样既能带来语言的独特性，又能通过句子的联想而理解诗意。再加上城际之间的交流活动，打破各地界之间边缘地区的创作者缺少与中心地区创作者面对面交流的局限，可望通过跨地界的城际交流开掘出具有区域共性的，同时又超越地域局限的新质。《九月诗刊》此前也提倡过方言写作，笔者也曾在此方面做出过尝试。在一组关于家乡的诗中，笔者有意穿插了许多地方方言与文化符号，比如潮汕地区俗话说“老人如细仔”的“细仔”，细仔在字面上较好理解，就算不是潮汕读者，也能理解年长的老人家“返老还童”的迹象。而“厝角头”“老厝”中的“厝”，是潮汕和福建一些地区沿用古代说法而留存下来的对房屋的称谓，这组诗在“明天诗歌现场”微信群中也引起了一些朋友的兴趣，讨论了“厝”的特指和在潮汕、福建之外其他地方的词义与歧义。这样的发掘与拓用，语言便能在不同的诗人那里显现出各自不同于他人的语象，从而增强了诗歌的丰富性与异质性。

第六节

现实之上的城市

随着21世纪近20年社会城市化的不断深入，城市诗已成为不可回避的、比较普遍的抒写类型，现实中的城市与想象中的城市通过诗人的诗写而形成了关联。从题材切入的角度来说基本有以下各个分支：

1. 打工诗歌
2. 描写城市生活、个体日常经验
3. 公共及突发事件所引起的抒写
4. 环保等世界主题
5. 有别于其他国家的经验抒写（拆迁、扶贫题材等）
6. 立足于现代化语境的价值追寻与建构（公民立场、法治意识等）

打工诗歌是其中出现较早且较为规模化的一支，城市生活与个体日常经验也是较为普遍的一支，以金字塔来比拟的话，第1、2层是基数最大的。第6层是塔尖上的少数，大部分的诗人还没有这一层面的意识，或者有意识但并未寻求文本上的有效表现。当然，这几个层面也有相互转化、交叉的部分，只是从写作的群体和数量来说有塔式的结构分层。

无论何种文化艺术，最终沉淀下来的是其精神价值。诗歌怎样用语言表达时代症候及对价值伦理的审视，需要有溯前启后的意识。创作上的及物与当下经验的处理是城市诗必须面对的，城市发展节奏的快速使诗歌没有足够的时间来沉淀出意象，必须用一些物质、事件与当下经验来标识其发展和变化，而这变化过程中若要提炼出精神价值，呈现人文景观，则需要思想的深度参与，才能形成文本与价值共冶的结晶。在一首诗内部做语象上的开掘，运用词语的多重意味，使其生成具有个性的语言氛围，也即使每一首诗形成一个独特的、有别于其他的意味系统，应是一个可行的途径。

我们所处的现实中的城市，它的精神价值是由一次次的公共事件的发生、法律裁决与价值争论所形成的价值伦理。前面所言及的《这是四点零八分的北京》中攒动的“手的海洋”与其时的精神症候，是一个历史的定格，它也构成城市精神历程中的一环。比如写一首名为《信》的诗，“信”作为情感联络的载体已逐渐成为过去式，将其与消费时代物化的快递，互联时代信息化对感情的不自觉淡化，精神意义上的诚信等进行多维的对比，促成对历史的回溯和当下经验的共融。从而提纯出“持续诗写”这种“编年史式”的价值追寻，这既是对社会“诚信”缺失的追溯重建，也是对诗性之“真”的期许。诗歌的精神价值建设，与其他社会伦理共同形成具有普遍性的价值钩沉与建构（比如哲学家玛莎·努斯鲍姆提出的经济领域中的诗性正义）。而诗歌因为其感性触发与理性审美的互相交融，往往最具有领先的敏感性。

一个有胸襟的诗写者，在感受到某物某事的心灵触动的同时，会调动自身的学养系统，与更广阔的存在建立联系，发现当下时代的精神缺失，重塑或拓展未来的精神坐标。具有价值追求的诗歌就是一列可以连接过去与未来的地铁，它将时间、空间中的生存经验浓缩提纯为文化价值，城市诗歌所构筑起来的穿越时空的价值伦理与形象，就是立于现实之上的虚拟城市，也是理想城市的镜像。

通过对社会上各个领域的互相借鉴与渗透，既要重视批评，也要重视引导，使物性与人性都得到健康的发展，将资本主义的逐利性与社会主义的利他性加以折中，正视物质的奠基作用，发挥精神的利他与仁善，才能在社会进步的同时成就一个和谐大环境。文学同时也是国家和民族的精神史，每一个诗人、作家都是时代侧面的描绘者，众多的侧面共同组合成一个立体的完整形象，从作品背后的审美理性中我们可以看到我们所希望建构，并努力达到的美好形象。

注释

[1] 林馥娜：《旷野淘馥·诗论卷》，广州：花城出版社，2011年，第53、54页。

[2] 林馥娜：《徘徊在城乡之间的惘然之诗》，《粤东诗歌光年2013—2014》，2015年，第281页。

第三章

存在价值的原创性认识

第一节

花的诗学

在追求经济指标为主的时代，学习是为了掌握技能，掌握技能是为了工作，工作是为了在社会的轨道中生存。为了生存得更好，我们又必须不断地把自己打磨得更模式化、程序化。这样环环相扣的推挤使所有人的日常生活趋于雷同——都是一部活着的机器，在轨道中机械地运行，在某些规则中轮转，与物体的存在没有两样。而能体现人的真正存在的，就是我们的心灵、思想及爱憎的能力。

读书写作是我们介入生活、重塑美好的介质，无论是欢乐之笔还是忧郁之墨，都能保持并促进自己的感触机能，防止自己在规则中不断物化和麻木，最低限度也可以使我们有别于一台机器的价值。

文学是我们可以在其中流连、做梦、放逐、收藏流光与美善的另一空间，它既在生活之内，也在生活之外。它为我们滤去生活的杂质，沉积生活的快乐。写作的过程其实就是一个心灵扩张的过程，而心灵阔大则表达也随着旷远。无论是言志、缘情还是表美，用适合自己和自己擅长的方式去表达，感动己心，才有可能进而打动人心。

花通常被用来比喻女性，乍看之下除了形容仪容之美，也隐含了柔弱的意味，但在诗学中，我们可以赋予其全新的定位。作为新女性的写作我认为要以有性别的视角，无性别的视野来引导自我。女性的母性相近于“超我”，带有神圣性，所以更能感受生命的律动、万物的共存。这是女性视角的长处，但在视野上必须追求超越男女性别的局限，达到超拔其上的境界。花的诗学也就是诗里的花语，诗的花语有时和通俗意义上的花语是同义的，比如玫瑰的花语是爱，在绝大多数的诗里，玫瑰也是代表爱。在文人墨客的作品中，古往今来花的形影可谓从未缺席过。这里从花的诗学和个人创意的角度来谈谈花与诗。

梅、菊、兰、荷这些花在诗歌里是被写得最多的，她们早已形成了诗学上的意象，在古代众多诗词的共同营造下，她们被赋予了傲雪、凌霜、清幽与高洁的品格，就像一提到月亮，下意识里就想起团圆。以上这些都是通过长期的沉淀而形成的文化符号，而我们自己要创造出一种独特的意识形象，则必须使她具有不同于他人的语象。语象是每个人所赋予的、不同于他人的意识形象。

樱花的花语是热烈、纯洁，但在我眼里，由于其不鲜明的粉色和过密的花团而带来面目模糊的窒息感，让我想到了中年恹恹的春困和青春热烈的颓废，这是一种与通俗花语相异的语象与抒写。

缅栀子花在广东常作为夏天泡茶解暑之用。它的花瓣洁白、花心淡黄，宛如少女的纯洁清爽，花语则为坚强与守候，这与纳博科夫的《洛丽塔》少女有某种内在的共通点。把缅栀子、洛丽塔和由洛丽塔演化而来的萝莉文化共融于一首诗（《洛丽塔—萝莉》）中，则使诗歌更为多维与立体，拓展了想象空间。同时，诗中用到的“绢素”

也是一种古代供书写用的淡黄绢，运用多种联想、多重空间，同时以语言的精练、抒情性和思想性相糅合，诗便有了张力与意味。

而荼蘼这种花在我诗歌中的隐匿或显现是较多的，荼蘼的花语是末路之美——雷德利·斯科特（Ridley Scott）导演的电影《末路狂花》（Thelma and Louise）中，两位女主人翁选择不再回到难堪的生活中，而向悬崖飞驰而去，便是末路之美的一种。荼蘼的开放也代表花季结束，青春逝去。而在我的诗中她代表了女性低调的隐忍、带刺的自强与开到最后的从容。把它直接用在题目里的有两首，其他则或隐或现地散布于诗句中。这两首是《荼蘼》和《纸荼蘼》，前者是女性从青涩、蜕变到雍容的写照；后者是人与诗的双重赋予，寓意人生历程与诗写历程趋向于人与诗合一的终极之花——诗学之花。

生活中，不同的事物给我们带来不同的感受，在生活与诗写的相互观照中，生命的丰富性得以细味，语言的繁花盎然绽放于心灵的旷野。

第二节
“女我”的主体性确立以及达到边缘共振的可能

水的常态是柔静的，但它也有奔涌的洪涛之力；水的本性是清澈的，但它的包容性也无比强大，沙石和杂质的进入都终将被涵纳沉淀于水底。女性内在力量的积聚，就是水域的不断拓宽与加深，心境足够柔软宽阔，思想足够深刻系统，才能静水流深，淡然而自由。成就一种相对于阳刚的“软韧”——软，是柔软的力量；韧，是坚忍的意志。相对于通常被用来对女性代指的“阴柔”，我用水滴石穿的“软韧”来指认这种力量。

生活在男权思想主导的社会中，女性是有共同的命运的，女性在成长过程中受到的性别规训无处不在，它来自外部社会，也来自身边的长辈、家人，那根深蒂固、代代相传的传统伦常已生长为女性内心的磕绊。女人需要靠自身的成长和心灵力量的逐步加强来释放自己。正如女性在职场上必须以更多的努力、更强的能力来取得工作地位，以及对抗同工不同酬等性别遭遇，女诗人心灵的释放程度往往需要加倍的营造才能与男性持平，并超越，这就是女性的命运。

一、女性命运共同体

“命”对于女性来说，就是传统所赋予的“小女人”标签、波伏瓦所说的“第二性”角色分配。这种女性角色的认定导致各种桎梏在不同阶段制约着女性——出生、成长、婚姻、育儿与职业生涯。在另一篇文章中，笔者曾说过：在女性自我觉醒还没有达到超越传统角色定位的这个阶段，可以说是命带着作品在走，是一种下意识的宣泄或者真实的个人记录。一旦自我觉醒超越了角色局限，精神的自由将带来性格的进一步强化——即内心价值坐标的坚定确立。作品同时也因为价值理念的明确而得到思想性的升华和视野的拓宽。这个阶段便是作品带着“命”走。[1]

角色超越更多是从观念的更新上开始，没有足够强大的内心力量来对抗俗成的道德感，便只能顺大流浮沉，成为固化模子里沉默的大多数。评论家西渡在第五届“东荡子诗歌奖”的理论会议上说过“女性诗歌自觉地会带有一种代言的方式”，这“代言”其实就是女性具有共同体的那种意识，想要超越个体、个人视觉的狭窄而探索共性。在此之前，笔者在《有性别的触觉，无性别的视野》[2]这篇文章中，从诗的“别性”“社会性”“思想性”探讨过女性写作的自我超越。在写作中构建追寻自我的理想，并实现超越自我、超越个体的局限，从而进入更开阔的世界，乃至写我而包括她们，写她们而包括我，最终趋向“佛无性”的境界。本文则从写作与生活的相互介入与超拔中探讨女性的自我成长，以及与他人达到边缘共振的可能。

一般来说，观念的更新既有自我学养的提升，也来自社会事件的激发，比如2017年发起的Me Too运动（美国反性骚扰运动）借助网络所带来的广泛社会讨论，以及部分受鼓舞而站出来的女性的示范作用，还有由此所引发的更多女性的心灵演变，形成敢于说出，勇于抗争，争取平权的观念成长。这种社会事件也是男性更新固化观念的契机，使人们在观念和行为上有了新的认识和规范。但这个影响显然还停留在部分知识、白领阶层，还是不足以普及并抵达社会基层。

直到近些年，女性的被摧残与自我摧残还是屡见不鲜，2020年的“拉姆案”“杭州杀妻案”之惊心动魄来自他人的施加；而一度广为传播的“打不还手，骂不还口，逆来顺受，绝不离婚”的所谓女德班风卷全国，主讲者却有女性自身，这些观念何以在现代化社会沉渣泛起，可见价值观并没有与时俱进，停滞的观念亟须跨性别、具有社会性的更新。这点从新冠疫情期间医护人员配备来说明跨性别普及的必要性，当时配备了男女医护长时间不能如厕所需的纸尿裤，却忽略了女医护生理期的需要，而作为男性的决策者没有意识到这种劳动保护与人文关怀的缺失，而是认为有纸尿裤就可以了，最终由志愿者帮助解决了需求，并由此引起了社会议论。一次次的女性话题貌似让女性话语权高涨，但实际问题并没有改进或有所解决，这种得不到改进的问题又引起更多的话语冲击，由此形成了死循环。只有达成男女共识和社会共性，平权才不会因为死循环而形成某些矫枉过正式的“激进女权”。性别平权是一条上坡路，稍为松懈便如西西弗斯的石头，又滚落到起点。必须反复重申性别平等的观念，才能防止意识、观念的倒行。

二、超越自身的原生局限

当然，单靠社会事件的突发来引起反思与推进平权显然不够，必须从每个人的内在革新出发，才能由内而外地解决问题。而文学因其心灵追求的自由性和精神共振的共情性，天然具有启蒙的性质。被世俗规训而内心怯懦的女人们，需要通过自我搏斗来迈过心里那道坎，而文学精神是光钻，阅读或写作可以助力她们击碎从外到内层层叠封的茧衣，获得心灵的自由与自我救赎，重建新生的生活核心。生活在不同代际、不同阶层与地域的女性，都有其成长所处时段的社会影响与原生局限，余秀华的诗作《我养的狗，叫小巫》[3]一定程度上反映了底层女性的生存境况，因为性别歧视、经济实力与体力上的弱势，而处于无可依持的生存状况。而当女性开始反思这些问题，她的觉醒就开始了。随着社会的开放度和网络的传播，“80后”的女性，比六七十年代及以前的女性有了更具释放度的表达，而“90后”的女性所关注的现实，也有了更自由丰富的维度。

“60后”的女诗人对艰苦和困难的反应是直觉式的、忘我地反抗与承担，如宝蘭在《这些年》中说“这些年，时常／忘记自己是个女人，洪流裹挟，肩挑背扛，连滚带爬地从／一个风口到另一个风口……一次次用哽咽的喉咙告诉亲友//我很好，我还行，你们有什么事？”又如安琪在《往事，或中性问题》中写道“再有一些未来的焦虑就能置它于死地／我之所以用它是想表明／我如此中性，已完全回到物的身份”。她们从生活的拼搏上去强化意志，自我锤炼而完成人格的树立与生命的成长。

“70后”的成长期处在逐步开放的社会氛围中，她们在反叛与顺应之间辨识着自身的精神走向，萌生了共同体式的代言。“她们从她的心里走出来，不断／生出更多的女孩。……她们无赖地对着她喘气，／胡言乱语。//她们弄砸了这一切。／她们让她变成了口吃的傻瓜。／听，她艰难地想吐出几个／尚能保持完整的字。她说，‘我——’”（杜绿绿《女孩们与她》）。那些希望打破已有秩序的女孩们，那些个体的诉求、纷乱的言说，都集结于诗人笔尖的出口，而无法代言的无力感令人流泪，但自我在其中得以确认，最终，“我没有回去，／我留在她身边，擦她的眼泪”。相对于以往父亲题材的温情或爱恨交加的呈现方式，李倩倩的诗以克制显现出一种内敛的沉郁。“死亡的滤镜为往事打上高光／焚烧炉中烈火噼啪作响／是头骨在碎裂，外衣化为火焰//是权杖碾碎的声音……只有户籍注销手续在为死亡证明：／父亲已死／身份消除／姓氏世袭”（李倩倩《父亲的葬礼》）。悼诗往往是以“逝者为大”的前提下的感怀与追思；或是以“长者为尊”的致敬。而李倩倩将父亲的逝去与父权思考双轨并置，交叉而行，具有一种叛逆的意味，呈现出超越个体而延伸至普遍性的思考。诗中所触及的冠姓权在更年轻的代际中已有了松动，家族世袭性也有了非单一定式的变化。

“80后”的女性是第一代独生女诞生的年代，因为在家庭里的唯一性使她们得到了更多的关注和教育资源，自我意识相对得到加强。她们的成长期是现代化迅速发展的时期，大批的打工者进入城市。作为早期打工者的郑小琼，有意识地接触并创作了大量底层女性生存的纪实性文本，具有超脱于“小我”之上的女性观察视角。她的《跪着的讨薪者》写到了本应理所当然获得劳动报酬的女工，却要以跪着的方式去讨要，同时还不被处于同等身份的人群所支持和同情，这里既融入了社会事件，也同时拷问着人们的同情心和同理心。同时，这种以跪的方式去维权，正是一种旧伦常中的糟粕，对解决问题毫无作用，但许多人（包括男工）都处于集体无意识当中。她的《女工记》讲述了从打工者追求幸福的期望与现实的冲突，到他人眼中的打工者形象，再到社会发展到一定阶段打工族际遇的必然性，都有所呈现，这是一种进入到内核的抒写，既是对当时打工者的全景式扫描，也包含着对女工命运的寻踪与价值思考，且在女工叙事的主线中也包含着隐线的男工的遭际与命运。陆辉艳的《戒备之心》通过对传统价值观中“出人头地”的女性与“跳不出农门”的女性之间的微妙关系，表达出同情的理解。“那一年，父亲捧着我的大学录取通知书／又欣喜，又忧愁／天黑了，他去了堂伯家／坐下来还没开口／堂伯就开始骂他的大女儿／我的堂姐，职校刚毕业／一声不吭，勾着头／蹲在火塘前烧一锅饭／干竹枝燃得噼噼啪啪的……偶尔我回老家／将要经过堂伯家／远远地，抱着孩子的堂姐／就会闪进屋子里／十七年了，她仍然对我／怀有一份戒备之心／而她不知道，我对世界／怀有的谦卑之心，足以贴近地面／熄灭胸腔里噼啪燃烧的竹枝”。堂姐的戒备之心来自所遭受到的源于周围与家人的压力，也来自对比之下的自卑。同时也让人不禁寻思，处于僻远地区的女性如果不出来或不被允许出来打工，那么作为农村家庭妇女如何摆脱精神匮乏，拥有更自洽的生活状态；她们是否有自我成长，摆脱困境的意愿或可能。

在“90后”的一些诗人作品中，有了对自我超越的期许，也有对男权话语中心的解构。“日常化的情绪都被省略／强调尝试生育，是偿还家族恩情的／一种／隐去艰难，那便是恩赐／在漠视中去扮演母亲的角色／拒绝不了的模式，被肆意复制／嫁给未曾谋面，仅有相同信仰的陌生男人／便是家族的荣耀”（马文秀《完成婚姻的使命，便去流浪》）。对于被森严的家庭和宗教定制的婚姻模式，诗人用“完成婚姻的使命，便去流浪”的宣言式书写来反抗僵硬教条，并在思想上打破自限的惯性。而这种女性角色在传统设定的迷宫入口处的徘徊，在旧的伦常与尚待建立的新秩序之间，女性所面临的委屈与艰难挣扎，穗子在《晚餐剪影》中一语中的，“顺着历史的河流／走到这一步／迷宫的入口／一些事物正在坍塌／一些事物有待建立／她的眼泪／是为一种自己也不知要什么的生活”。打破旧伦常意味着现有秩序的坍塌，而新的可能尚未有可行性的预期，这是一种无从摆脱与建设的迷惘。这些真实的生活体验也是女性普遍的生存真相。

而用颠覆来形容“00后”的反抗意识，我想是合适的。张雪萌在《平易》中甚至呐吼道：“生活劁掉了一些人的嗓门。……他们说话时，双手交叉，肘在膝头，雄竞者的佼佼姿态。看起来不像／王小波笔下被锤过的牛。……唤醒生命的总是平坦间陡然升起的。/我也许应该用他们扔给我的词反复歌唱。/但我的诗在礼堂的齐声朗诵里/悄悄背过了脸。”用词之生猛和意志之决绝，读之有痛快淋漓之感。

以上是相对于代际所处社会环境上的普遍性而言，这些生长环境所赋予的观念上的进步，在个体写作上有或深或浅、或隐或显的不同程度反映。她们在精神上各自超越了自身的原生局限，对所处的生活境遇和置身其间的时代有了清醒的认识。只有对女性共同的命运有深切的理解，才能面对并超越个人之局限，由女性命运共同体而进入人类命运共同体。而这种对自身性别视角的超越，不论男女都需要，并进而获得更宽阔的视野与丰厚的维度。

三、“女我”的主体性确立

阶段性的女性主义思考似乎是写作的女性“不得不”自动进入的征途，因为对于女性命运的经历和对自我的知性角色期许，形成了对于性别解放的使命感。在我们所生活的世界里，男权已潜移默化为社会伦理与现实，而女性主义却因为社会压制与模范群体的缺失等诸多原因而无从传承，每一个有知性追求的女人都必然从头开始，经历这一女性命运共同体的阶段。正如我早期对“女性诗歌”这个命名是反感的，认为诗歌是没有性别之分的，但现在我的态度是历史性地去看待它。女性的生物属性是一个女人，无须为了争取平权而刻意回避这个身份，而是需要确立作为“女我”的独立性，生活上能够最低限度养活自己，精神上能够具备独立判断力。“女我”作为一个独立的自然人，有权利选择并决定自己成为什么样的人、过何种生活，而不是扮演社会或别人派发给你的角色或模板。“女我”的主体性确立，正是反抗“打倒的媳妇揉倒的面”这种贬低女性地位，“躺赢职场”这种歧视女性的俗成化偏见的内在力量。

对于女性写作，社会同样以更苛刻的目光去审视，甚至女性在业余时间读书写作也被目为不务正业。90年代对周洁茹、棉棉、卫慧等冠以“70后美女作家”的名号；对黄爱东西、莫小米等的写作命名为“小女人散文”，一定程度上反映了文坛对女性写作及其多元价值抒写的限制和否定。她们被认为打破了传统伦理的禁忌，而遭到了异化与矮化。本文特别命名、强调“女我”这个词，就是用于指生活上成为具有自主力的女性主体，而不是要成为像男性的女性，或者刻意抹去女性特征；写作上抒写作为女性的我的主体性，而不是刻意抹去女性痕迹与意识。“鞋子一定要买贵的／人一辈子不在床上，就在鞋上／它必须高跟，且有本事典雅地磨出血泡／正因为你付出了这许多／才能收获我如此多的痛苦”（戴潍娜《贵的》）。在反省一类事中超越一类事，女性将获得继续前行的自由。主体性得以确立之后，当“我”在前行中被外在铁律不断施压时，有一个可以随时举出的“油纸灯笼”来巩固、来持续唤醒“我”的主体性。也不畏言对生活的俯就与和解，这种俯就已带有自主性，是一种同情的理解。

自主追求更好的生活必须具有内在生命力，就是自我塑造更优秀的人格，拓展女性生存与生活的更多可能性与维度，使女性享有作为一个自然人的自由。比如大部分女性陷于旧桎梏中而不自知，还在用同样的枷锁去套她们所接触到的女性，“她们的交谈常常是从——／关注你的身高开始……不可能提的问题：／你的阅读，你的创作，你的努力／你骨头里的雄鹰，灵魂中的海洋和恒星／将这些统统忽略，就可以让谈话／始于外貌，终于家庭／……亲爱的，你不愿承认，但这就在眼前：／无数的XX染色体，笑若春风／昂首挺胸，站在现代大舞台上／套着反人类的高跟鞋／投下裹小脚的倒影”（杨碧薇《女性的政治》）。觉醒的诗人试图从文学上建立精神的联通，从而辐射到更广泛的范围，与周围的人形成共情、共振。“普通的女人不该有光芒，但她们有。……普通的妇人不该有虚无或神圣，但她们有。//所有被她们的呻吟碾过的黑暗都知道／粗大的关节和松弛的肚子／世界曾在其中诞生——为什么//要让她一人承受诅咒？／让男人颤抖的双腿，让钢铁弯曲的脖子//普通的女人不该有智慧，但她们有。／她们还有悲痛，绝望／——和男人一样！”（蓝蓝《给女人的诗》）这是相对于普通女人而言的觉醒的女人的关怀和觉醒者对后来者的启迪之意。诗学精神的光照相当于疫苗的接种，使愿意接种的女性生成对抗不公的免疫力。

女性的自我成长正是从经历中不断反思，经过“女我”主体性确立之后而成为具有独立精神的自我。写作也然，具有独立审美理性、思想维度的参与，才是写作的核心要义。“我不会再被谁带走／也不会再被谁丢弃／我无法停下来／我发现幸福就是一只球／我要独个儿把它玩转”（荣荣《看见》）。这是精神上的站立，而不是任何主义的表态式树立。就像野玫瑰怦然怒放般，无数的你开口说话，所有的我吐叶开花，所有里的我，抵达了思想上的自然性，即无性别困囿的天然性。完成了超越性别局限而作为独立人的我，是“自由条件下”的一切，具有任何可能。“我是自由条件下以诚相待的水火……”（伊迪特·伊蕾内·索德格朗《现代女性》；李笠／译），这才是真正的现代女性。女性可以根据自己的意愿自主决定人生走向。既可选择作为传统角色下的女性，也可选择成为独立女性；既有能力自由选择，为自己的选择负责，也可介于这两者之间，享受自己的选择，不自负也不自卑。包括同性之爱，在不妨碍他人与社会的前提下，选择适合自己的生活方式并无不可。

四、共振共生：无数里的你，所有里的我

自由是相对的，在现代社会中只要是守法公民，便同时获得自己的自由。放弃控制他人的欲望，不用墨守的成规束缚他人，“只要有一个女人向自身的解放迈进一步，／定有一个男人发现自己也更接近自由之路”（南希·史密斯《只要有一个女人》；黄长琦／译）。旧伦常的角色设定同样使男性成为“受害者”，男性被要求必须具有男性气概，表现为更阳刚更血性；甚至不能表现出软弱的一面，可流血不可流泪。性别平权并不是让男女在对抗中成为僵化的关系，而是互相善待，并找出适合的共处方式。每个人都善待他人，才能逐步趋向完善（事与人皆在其中圆融）。群体中的你能被作为唯一对待；个人的行与思，能够自觉放在所有的外在中去观照（包括人与环境），既

有量身合体的唯一性，也是休戚与共的整体。而在群体中能被作为唯一对待，已与一个标准公民的定义重合了，所以，女性争取平权也是为每一个人争取“公民权”。

在现代化社会中，精神价值是由一次次的公共事件的发生、法律裁决与价值争论所形成的价值伦理。诗歌的精神价值建设，与其他社会伦理共同形成具有普遍性的价值重建与开拓。现在，手机几乎可算是人的一个外在器官，须臾不离身边，可以说人与网络的互动所引起的意识碰撞与影响，是“赛博格”的未入门级，虽为外在的，却对意识起到了渗透的作用。何况我们已有一部分时间借由手机、电脑而生活在网络这个虚拟又现实的空间中。网络的普及使线上生活与线下生活相互交融，精神生活与日常生活互相影响、牵引。在“90后”“00后”的生活中，网络游戏已稀松平常地进入生活，成为生活、交际的一部分。笔者的身边就有“90后”女性从事网络游戏的技术主播，还有自制饰品在微信销售的，业余兼任乐队主唱的，这在以前是难以想象的。因为智能手机、网络等技术与文明的助力，社会风气对个人自由的容忍度较之以前更高。女性的主体性确立面临的新问题是女性所处群落所形成的“小社会”氛围或信息茧房的遮蔽。比如城市群体与农村群体的差距；知识女性与普通女性的差别。信息茧房也分内外因，有大数据定向推送的外来同质信息轰炸，也有个人故步自封、自我认知上的作茧自缚。这些差距需要个体有自我成长的意愿，再加上外部影响，从而达成开放的趋同。

笔者在2015年因为和诗人雪克合编《大潮汕女子诗选》而发现了一批原来不在视野中的女诗人，并喜见了随后涌现出的更多同行者。基于现代的技术和手机的拥有率，微信公众平台的传播对于普遍女性的启蒙和带动也是一种更可行的方式，人们可以通过便捷的阅读、思想碰撞而开阔视野，达到自我暗示、接受新观念等。故随后在与诗人林旭埜共办的微信公众平台“旷馥斋”连续刊出《大潮汕女子诗选》的作品，在展现现有面貌的同时，集结了更多的女性读者、作者，形成身份认同。“——熄灭对永恒的抗拒，或野心，写 / 不再因为惧怕死亡，或热爱诗歌。”（林丽筠《写》）她们在没有意义中寻求意义，在诗歌精神中安放、安妥自身。文学关乎精神生活，而精神生活是人之所以为人的不可或缺部分，精神生活也不可避免地与日常行为互相渗透、互为影响。苏珊·桑塔格说：“做一个诗人，即是一种存在状态，一种高昂的存在状态。”这是生活与创作的互相成就，从中形成一种可传递的，自我挽救的力量，从这一点上来说，诗歌的自由精神是可供传承的品性。在诗歌界，不少女诗人正通过办刊、办论坛及策划活动等，努力为女性带来心灵上的助力，尽力寻求有尊严的生存方式。晓音主编的《女子诗报》，周瓒主编的《翼》，娜仁琪琪格主编的《诗歌风赏》，施施然、海男主编的《中国女诗人诗选》，等等，对女诗人的发现和优秀文本梳理做出了有效的努力。还有谭畅总策划的“花神诗歌节”、蔡小敏组织的“揭东女子诗社”，都在为女性力量的积聚汇集支流，期待承载起自由之舟。有部分连续出版刊物也推出女作者专号、平权话题专辑，为更多女性走向心灵旅程提供助力，共同探索趋向平权的自由。

注释

[1] 林馥娜：《生命同构式写作——“写作如写命”》，《星星·诗歌理论》，2014年第4期。

[2] 林馥娜：《有性别的触觉，无性别的视野》，《诗刊》，2011年第3期下半月刊。

[3] 文中所引用诗歌来自笔者文中所提到的女诗人作品选本、微信朋友圈及公众号，也有来自诗人交流中有感触而存用的部分。

第三节

生命同构式写作

——“写作如写命”

生命同构式写作是以本身生命形态和精神探索所抵达的状态为根本，在自我超越的过程中实现诗写同步升华的文本呈现。因为其写作根本的唯一性，故作品也呈现了属于其本人的纯粹性、独创性与水流般的自然性。其写作史也就是心灵史。

诗人安琪正是属于生命同构式写作的呈现者，她与她的作品在跟自我与命运的斗争中逐步裂变并同步成长。正如她在《女性主义者笔记》自序中所说“写命的人是命带着作品在走或作品带着命走”。“命”对于女性来说，就是传统意义上的“第二性”角色分配。在女性自我觉醒还没有达到超越传统角色定位的这个阶段，可以说是命带着作品在走，是一种下意识的宣泄或者真实的个人记录。一旦自我觉醒超越了角色局限，精神的自由将带来性格的进一步强化——即内心价值坐标的坚定确立——作品同时也因为价值理念的明确而得到思想性的升华和视野的拓宽。这个阶段便是作品带着命走。而在安琪的写作中，这条分界线我认为是《极地之境》这一首诗产生的时段。

在此之前，我也偶尔在刊物上读到安琪的诗，也知道她推出的中间代概念。但真正让我有意识地留意她的作品则是在读到《人民文学》2010年第7期上她的那首《极地之境》之后，这首诗一读难忘，当时我还特地跑到她的博客，留言说喜欢她的这首诗。这对于我这个含蓄的、极少表露热情的人来说可算反常之举了，也足见我对此诗的喜欢程度。如今，眼前的诗集就叫《极地之境》，从安琪的后记中可以看到，这是她爱人吴子林坚持让她用的书名，不禁为安琪高兴，吴子林是懂她的！知己难求，而她得到的知己同时又是爱人，这是命运多么丰盛的回报。也许此前经历的所有曲折与磕绊，皆是为了让她遇见这个对的人。

一、前期的“任性”与后期的“意志性”

写诗是诗人以真和善的立场去完成审美的过程，诗歌是最见情见性的文体，读者会在作品中读出作者的真诚或虚饰。如果把安琪的审美理性高度概括，那就是——率真。这既是她的性格，也是她作品的内核。真诚是最能打动人的，读安琪的文本，总能看到里面有真真切切的一个人。对于生命同构式的写作者，因其写作的自传性，写作年份的明晰无疑是有助于研究者的进入和解读的。从这个作品集中，研究者能看到一条明显的线索，就是诗人与作品渐进式自我蜕变、提升的线索。这里以页码和年代先做一个直观的罗列——P60（2005年）→P108、P116、P122、P132（2006年）→P157、P160、P171、P193（2007年）→P229、P239（2008年）→P251（2009年）→P321（2011年）→P341、P363（2012年）——这条线索就像电影的胶片，让我们得以用放映机滚动胶片的方式展开主人翁浓缩于其中的精神刻录。

都说性格决定命运，而性格有先天的一面，也有后天追求所附着于性格的一面。因为拥有的生活与向往的生活的错位，人们往往想象着别处的生活，但大多数人因为对未知的前方的恐惧和人性中的惰性，选择了安于现状。而安琪不甘平庸的个性，与寻求自我释放的激情却促使她勇往直前，走上了一条与众不同的道路。“但我早已预知，一切的结局，譬如你，譬如我／都是我们自己决断的……我们都是父母的坏孩子，我们用一连串的恐慌／把父母训练得，胆小如鼠”（《给妹妹》P60），这首诗就像电影的序幕，已揭开了她往后生活走向的冰山一角。另外，在表现方法上这首诗也处理得很巧妙，通常的描写是会以父母如何关爱子女这种“惜落顺势”的正推方式表现，安琪却以“把父母训练得，胆小如鼠”这种逆向方式把父母担心女儿的战战兢兢心态倒推出来，这是一种把普通题材写活的方式。

而写于2006年的《注册一枚自己》（P108）、《离开自己》（P122）、《锈》（P132），无不呈现着诗人那种否定、告别、离开没有坚定信念支撑的旧我，在阵痛与锈蚀中挣扎，寻求新生的历程。“我想从姥姥把守的门内找出理想／理想这家伙／有时像春天刚落地的娃娃，有时又像／他姥姥家的陈谷子烂芝麻……我说，给我理想，我要深入／‘什么？’姥姥问，‘离乡？／你想离乡？你不是已经不要爹不要娘／独自跑到那个什么毛主席待的京城／你还要离乡，你要去哪里啊？’”（《拐个弯深入理想》P116）这里通过与姥姥对话的听非所言呈现了理想与世俗之间隔着门、拐着弯，同时也透露着诗人企图实现对人伦传统的超越这种女性主义倾向。

2007年的诗作，则已凸现出坚定信念的生成与自我暗示的潜在。“我遇到那么多的风，它们说，瞧瞧这个笨人/做梦都想翻过喜马拉雅”（《风过喜马拉雅》P157）。“说出光，说出命中的辉煌部分/使泉水不再白白流淌花朵不再/白白开放……不可/为棺材形状的日子充当尸体”（《诗无邪》P160）。从这些文本中，我们不难看出，诗是安琪生命的一部分，而且是决定性的部分。诗既是她的拐杖，也是她的支柱，她的灯塔。她以诗拓展、挖掘着生命的宽厚度。当一个人通过艰苦的奋斗和心灵的反复洗礼之后，痛苦便会转化为一种心灵的养分，心境亦随之开阔。此时，之前所认为的滔天巨浪在今天不过是茶杯里的风波，《千山万水寂静》（P171）这首诗已显露出超脱的意味，那种指点江山的小霸道、小调皮正意味着超越苦难后的心境。接着，心灵的新境界随之到来，“现在我在故乡已待一月/朋友们陆续而来/陆续而去。他们安逸/自足，从未有过/我当年的悲哀。那时我年轻/青春激荡，梦想在别处/生活也在别处/现在我还乡，怀揣/人所共知的财富/和辛酸。我对朋友们说/你看你看，一个/出走异乡的人到达过/极地，摸到过太阳也被/它的光芒刺痛”（《极地之境》P193），前期的诗常见的一种粗粝的生活现场气息，到了这里已转向澄明之境。语言清澈、简洁而意味蕴藉。看似沧桑与自嘲的诗境中分明折射出骄傲的光芒，正是一种历尽波劫后，涅槃重生、笑谈风云的境界。

随着阅历的丰厚，反思与哲思在2008年接踵而来，人生的跌宕起伏与生命中诸多的舍与得在重新思索中渐渐明晰，“一生不可自诀，不可提前把人世归还人世……不可被思想的乌鸦引向孤寂／的深渊，也不可，随同阴影的诱惑放任狂想的激流……不可死在无梦之境……要相信，唯有此生才是我们的安身之所也要相信：／最终我们都会沉入黄昏，进入一场，悠远绵长的睡眠”（《一生不可自诀》P229），进入了心智的港湾，她的“精神之子”着陆于“温情之地”，“吻到幸福的幻想之唇”，“驱赶了全部不纯之念狭小之怨我发誓从此刻起心怀坦荡因为我还在爱”（《地中海》P239）。

心智的成熟所带来的是生命意义及终极理想的自我拷问。如写于2009年的“我的无法被模仿的生活它甚至连我自己／也无法想象！黑暗总是突然降临而成就／的快慰总是为了被写在——／无人分享的凄厉死寂里”（《无尽之夜，或你无法模仿我的生活》P251）。

而写于2011年的“我要继续活着，继续充当诡异命运的客人／你也要继续活着，继续奔走在相亲的路上”（《致细雨中奔走在相亲路上的你》P321），这种挣扎是所有有精神追求的个体都必经的挣扎，而作为女性，这种挣扎更甚。这里的“你”和“我”共有一个通向未来的“出发点”，一个走向世俗，一个走向灵魂之路，其实这两者何曾不是同一个人。

“你挣扎，激荡无数惊心的波圈使我为此动魄／我平静安享此刻我的过去就是你的现在／（正如你的过去就是我的现在。）//生活的壮丽，和凶险／我们必将一一新历”（《女诗人们》P341；2012年），这时，诗人的视野已拓宽到从一个族群的角度去思考她们共有的命运与人生，一种女性主义的人文关怀已扎根在她的心里。“你打出的幽灵塔我还置身其中 / 你打出幽灵塔最后到达的却是余生凄凉的晚景”（《早安，白薇》P363），这首对白薇[1]作品和人生轨迹的凭吊，使人不由又想起易卜生笔下娜拉的出走。虽然出走的动因各有不同，但她们都必须面对的一个问题是“娜拉走后如何？”面对陌生的他乡和未知的前途，安琪唯有使自己坚强起来，以支撑起自己的生活和精神。生活上，她没日没夜地为图书公司“制造”畅销书，精神上，她以与畅销书同名的诗写——如《天不亮就分手》《像杜拉斯一样生活》等组诗——来释放心灵的重负。而安琪比白薇幸运多了，她碰上的时代已在观念上有所进步，遇到的人更非杨骚[2]可类比。当然，其中最主要的决定因素还是在于安琪本身的坚强与坚韧。

正如叔本华所说：“只有当我们走完人生旅途中的某个阶段时，我们才能认清我们全部行为之间的真实联系——亦即我们做了什么，并得到了什么。”[3]这个时候的安琪已得失明了于心，她将以她的意志性赋予作品与命运，达成作品带着命走的人生新历程。

二、关于创新：语言的互融与排斥

一个成熟的诗人，不只是致力于内在诗意的深刻与动人上，技艺上的创新也必是其追求的一个层面。安琪是有创新意识的，但我们知道，创新是困难的，如何在形式上表现得有创意又不显突兀拗口，是我们必须注意的问题。

以《菜户营桥西》（P260）这首诗为例，诗人有意识地在形式上造成一种“被时间追赶”的速度感，以达到诗意与表达形式的并轨展现，这种任性地一泻千里的奔涌，可以说是安琪式的写作风格，而同时，这也是她容易打滑的地方。

从技巧上来分析，安琪的诗基本有三个分支：一是《极地之境》式的——褪尽铅华、言境澄明的——圆熟状态；二是《想比喻》（P223）式的——顺流性、畅想性的——游戏状态；三是《我看着树枝黑色的筋骨感到很奇怪》（P206）式的——制造阅读障碍的——要酷状态。第一种无疑是最好的，而相对于第三种的小花招，我更喜欢第二这种有章法的语言游戏。《我看着树枝黑色的筋骨感到很奇怪》这首诗的技法其实与《菜户营桥西》同源，都是故意以标点与断行的陌生化来让人可以细味其中诗意，但是她忽略了语言也有其微妙的互融性和排斥性。《菜户营桥西》诗的技法应用是成功的，《我看着树枝黑色的筋骨感到很奇怪》诗的应用却是失败的。前者是叙述式进入，它的语气（语言节奏）是从头到尾一以贯之，故一首诗就是一个整体，语言间因为语气的统一而互融；而后者的开句是思考式的进入——“他们枝干纵横却很干净，似乎想用集体的力量 / 挡住天空。它们确实做到了在西山的 / 局部我被这些黑色的筋骨 / 迷惑。不自量地想用此时 / 此地的幻念 / 埋葬你我。”注定了它必须是有停有顿的渐进方式，而第二行的后半节与第三行却改变了节奏，第四行却又回复了开句的形式，一首短短六行的诗，却断成了三节，使语言形成了内部的排斥，读起来便显突兀拗口，使读者失去体味诗意的耐性。诗意的转折可以带来宕开一笔的惊喜与丰富，语言节奏的转折带来的却是“断气”，即诗歌失去了一气呵成的自足性。

这种语言节奏上的处理是许多诗人没有注意到的陷阱，这里权借安琪的诗做了一个剖析。

“一个艺术作品之比另一个艺术作品更有兴味，并不取决于该作品的风格选择是否让我们注意到了更多的东西，而是取决于这种注意的强度、可信度以及是否机智，不管其焦距长短如何。”[4]语言节奏的一气呵成正是增加注意力的方式，而上面所说的第二种技巧正是以有章有法的可信度与语言游戏的机智抓住读者的注意力。

三、生命同构式写作的范式作用与启迪意义

苏珊·桑塔格认为“作家”这个角色“象征着个人理念的不懈坚持和迫切追求”。生命同构式的写作者同时担当着经历者、叙述者与反思者的多重角色，自我的角色使命感（个人理念）可谓是其继续前行的动力。“我在回家的路上被一天空乌云追赶，它们大面积笼罩／追赶着不止一个的我……这一天空的乌云一定会落下／它们迫不及待，只等天黑，就将夹带雷霆狠狠砸向／因白日喧嚣而无比翻转的睡梦”（《将雨》P103）。从由内心不可知的力量推动着，虽然不知下一秒将构搭出怎样的“不可知／的现在”（《为始》P104），但“突然／多出的黑暗，你只是我提前变成的//石头，你是我的石头，我不惧怕你”（《突然多出的黑暗》P106），这种为自己鼓劲打气的潜意识，到“有什么样的思想就有什么样的语言和生活。我一直提醒自己，先锋，再先锋”（《女性主义者是孤独

的》P11）的自觉梳理与理念形成，女性主义似乎是生命同构式写作的女性自动进入的路径，因为对于女性命运的经历和对自我先锋角色的期许，形成了对于性别解放的使命感。正如安琪在对自己的创作进行梳理时所说“一个女性主义者必定是先锋精神的追求者”。

说到女性主义，雷德利·斯科特导演的《末路狂花》也正是一部关于“女性解放”的艺术范本，里面的思考不可谓不深刻，两位女主角露易丝和萨尔玛有着不同的女性意识，露易斯是已经有自我觉醒和经验的，而萨尔玛则是一张空白的纸，长期生活在男尊女卑的家庭角色里。这里面的露易丝无疑起着一个启蒙者的作用，一系列的经历使萨尔玛终于觉醒，“有些东西掠过我的心头，但是我不能回去，我的意思是，我不能再像那样生活”[5]。虽然在最后她们被逼到了绝路，但是面对眼前的悬崖，她坚定地说“让我们往前……”[6]——汽车坚定地按照她们的共识冲向绝壁。这种自绝对他人来说也许是个坏结局，但对于两个女主人公来说就是好结局。死而坦荡有何惧，生而长戚有何用，对于“自我”已经觉醒的萨尔玛，正是有了“不自由毋宁死”的认识，甘愿以命捍卫心中的价值。

《末路狂花》以一种极端终结给了我们一个惨烈的结局，而庆幸的是，我们可以看到现实版的圆满结局——“我从死亡中抬起头／眼神犹疑／我向着生之门走去，心怀恐惧／我看到门开启着／那个为我打开生之门的人／就是你。”（《云水谣之9〈故乡亲爱（兼给子林）〉》P348）——历经劫难后，爱是一种复活的力量。相知相重的爱，更让我们热泪盈眶。

正如前面所说到的，在我们所生活的世界里，男权已潜移默化为社会伦理与现实，而女性主义却因为社会压制与模范群体的缺失等诸多原因而无从传承，每一个有追求意识的女人都必然从头开始。而像安琪这样的写作者，她们的写作同时也具有了一种启迪的意义。这些生命同构式写作的诗人、作家通过个人命运的抒写与反思，给其他人、后来者展现了检讨过去，瞻顾未来的范式与思想的启迪，无论在写作上和生活上，都有一定的模式作用。而安琪的写作也从最初自白式的诗写走向更加广阔的境地，当诗人的写作到了一切皆可入诗，而不是只写个人之悲喜时，便是到了诗人所达至的最好状态，这是精神的自由状态。而安琪正在走向自由之境。

注释

［1］白薇：1894年2月—1987年8月27日，原名黄彰，以主要作品《打出幽灵塔》和生命经历践行“五四”时期“女性解放”思潮的女作家。

［2］杨骚：与白薇一起打出封建幽灵塔的爱人，却没能从根本观念上走出幽灵塔，并抛弃白薇。

［3］［德］叔本华：《叔本华人生哲学》，李成铭等译，北京：九州出版社，2003年，第105页。

［4］［美］苏珊·桑塔格：《沉默的美学》，黄梅等译，海口：南海出版公司，2006年，第49页。

［5］［6］雷德利·斯科特（Ridley Scott）导演的《末路狂花》（Thelma & Louise）中的台词。

第四节

变焦式的诗意摄取与呈现

《地球上的女人》是阮雪芳的组诗总题，从内容可见，正是因其具有为女性命运共同体而呼号的内在主旨，故有此命名。

启动心灵的摄像机，通过焦距的调节，抓取不同时空节点的意象，从而完成一阕阕诗的微电影。使大与小、轻与重、个体与外界的穿梭相互映衬，产生一种可待寻味的一生二、二生三、三生万物的宕开之意。它们所呈现出来的画面感、镜头感与故事性形成了阮雪芳诗歌创作技法的主要特征。而这种创作技法也与其心灵律动相契合，她通过外观与内省的镜像式观照，实现想象力的跨跃，营造出诗歌内部的划时空感，从而形成了诗歌的张力场。

“那一天烈日当空 / 阿忆像触摸灼热的铁一样 / 小心翼翼地打开笼子”，在《画鸟》这首诗中，男孩想放走小鸟，却发现被拘禁的鸟在灼热的铁笼中死了，而它本来是一只自由飞翔的、高傲的鸟。这个童年故事作为成长的阴影与外在世界的隐喻，暗示着他从男孩直至成人，都没能走出禁锢的无形之笼。他以不停地画乌有之鸟来映示对自由的渴求，又不断地落入各种樊笼之中而不能自拔。诗人通过“物—人”的代入投射，引入物与人浑然趋同之境，让人领悟到物理事件或社会事件演化成精神事件的可能性与潜在的必然性。这是一种挣脱束缚、向往自由的内心挣扎的呈现，也是从生活体验过渡到生命体验的过程。

在另一首诗《图书馆》中，表面静止的图书馆却充斥着声音、躁动与光影的走马灯式影像，"饮下光也吃下黑暗／充满声音／也回荡无边的荒寂／每当深夜那些躁动的灵魂／开始争夺食物、领地和交配权"，与其说这是塞满书籍的图书馆，不如说是一个世象联合国，纷纭的世事在不同的时间、空间被权力或智慧之手编纂、记录并贮存于此间，而妄称"第一个"的，往往是那只手遮天、涂抹历史的强权，最终难逃"最后一个"的下场。以上两首诗均以全视角、旁白与画外音的方式，使时空浓缩呈现而刻画出鲜明的形象与画面。

《月亮堡》同样是以电影镜头式的意象抓取，把多个时空糅合于此在，但它语流湍急，含石带沙，一如印度的恒河，挟带着各种圣物与污物向前奔流——"傍晚7点站在地铁3号线，你已不用思想／每一个逼过来的肉体，都是发臭、坚硬，孤独、柔软／献祭的果冻。生活疲惫的视网膜／在自我核心中停滞。时间老朽甩打肮脏的马尾／已深夏夜是一块巨大的乌云浮出地面／呼吸迫近呼吸，肌肤贴着肌肤／悲伤的青春，虫形的地铁越爬越快……你命名樱红的乳头，命名美的填充物／你命令那化身为莲的欲望，破开物质的双重空壳"——呈现出一种粗犷的冲击力，虚实相接，紧凑有力的推进，使诗的气息更为饱满充盈。诗人通过辉煌与黑暗的不同侧面，体察女性生存的显性（社会性）与隐秘（个体性）之冲突；通过共情式的生存处境呈现，展开对女性共同命运的反思与冲破桎梏的意志。

“我就在这里 / 在大提琴的悲声，风的细鳞 / 在亚热带湿热的气息 / 在你的皮肤，你的眼神 / 在你滑动的喉结，你滚烫的血液……我既不在你的过往，也不在你的将来 / 只在此刻 / ——全部的我 / 在你低头深深的一吻”（《我在这里》），这里的“我”是倾其所有，把自己碎片化成一切围绕所爱，而“你”只在此刻的一吻里，许多女人就是用“细如游丝”的温情串起、编织着欢悦，“用所有孤独来构成这厌倦的人世”，并蛰伏于既悲怆又虚无的大爱里。

在某些传统的婚姻关系中，女性的个性丧失似乎是必然的，她们往往不得不做出让步与牺牲，甚至达到无法忍受的境地。因为追求心灵的自由与对文学的热爱，阮雪芳不惜舍弃表面安定的生活，离乡别井走向不可预知的未来，在不断的求索与取舍中，成为她所希望成为的具有独立意志的自己。这个自立起来的“我”，以超脱于庸常之上的观察来看物观世，便获得了一种全景式统摄的取景视角，所以在她的许多诗中，主体往往具有敞开性，并不仅仅限于某个特定的人或事。阮雪芳守住了自己的个性与追求——“一个逆风而行的人 / 词语带来想象 / 我们在任何时间相遇”（《在词与想象之间》）——在阅读、观影与赏画中期待心灵的邂逅与同频的跳动，在行走、生活中体味失之交臂的命运感，并葆有一颗随时展翅的自由之心。

而追寻自由之路必然是孤独之路，诗人的灵魂与肉身在自处与思考中《逼近》生存的真相——“你的声音在我喉咙里鼓动／你的手按住我手中之物／你移动又教我站定／你的总和让我在负数中寻找自己／众多声音之外一个声音的沉默……新生的事物已经降临／衰老的柴草逼近火”——肉与灵的矛盾，你与我的博弈，总体与个体的渗透与反渗透在她的世界里进行着搏斗，她的“镜头世界”所构建的，并不是浮光掠影，而是在建立超越庸常的“自我”，并持续干预这一心路历程，不让独立的自我被生活困境与既定世俗所摧毁，直至在火中涅槃而新生。

她在深夜的孤寂中听取内心的生息之音——“断藕的芽苞／仍在寒塘中苦苦挣扎”（《夜听》）——人生而不同，又生而平等，无论生活遭际的差异如何大，在生与亡中终归是公平的，这种生命深处的参悟，虽是无可触摸的，却能令人活得真实而舒展，宛如跳出污泥而成为舒卷开合任天真的莲。也正是因为有了灵魂的自由与淡定，故能于世间发现破败中的生机，“看这世间狼藉／仍有初生之物令人欢喜”（《热爱》）。正如罗曼·罗兰所说，“人最可贵之处在于看透生活的本质后，依然热爱生活”。

生活是诗人创作的土壤，思想则是创作的根源性养分，价值观的确立将使诗的骨骼更为硬朗。《语言》以往日所见的场景引出当前的困境，在众声喧哗，整齐划一的群体中，一只独自离开的青蛙和一个有独立精神的诗人，难免遭遇到——“模糊、喑哑、滚烫／带着艰难诗性的混音”——这半失语之虞，陷于不想苟同流俗又无法发出清脆独唱的困顿。正如“言语的自由不等于自由的语言”（《词语保持了一生的秘密》），你所能说的或许不是你心里最想说出的。这些关于处境与写作的思考与认识，虽由隐晦的语言表述，却也折射出思想的光芒。正如雪芳在《荷》中所言“奔走过黑夜的沼泽”，依然深信“寂静另有回声”。

日常生活中的雪芳是温和柔软的，而她的作品所表现的人格却是冷静而坚强的，这看似截然不同的两种格调，其实来自于更高的人生追求。因为同情的理解，因为胸怀宽阔，所以更能仁心待人、严以律己。窃以为，无论为人或为诗，外柔内刚并不比内外俱刚的力量更小，甚至柔中的韧硬才更有爆发力。雪芳自称为干预灵魂的人，这是对自我的要求与灵魂的修炼，对人生困境的纾解与超越。正如她在《雪后》所描绘的万物井然、各得其所的景象，她正“沿这条无人的小路／走到无名湖畔”，笃定地走向更宽阔的前景。

第五节
这眼中火苗的来路

冯娜生长于高原，对于大自然的广袤和岑寂有着深切的体会与浸淫，这使她的写作带着大自然的神秘气息与她所熟知的植物枯荣所赋予的命运感。许多写作者都有自知或不自知的精神源头，这种源头既有来自出生地的烙印，也有来自直接或间接的心灵感悟所契合的密码。也许冯娜是自知的，她的精神密码是古希腊著名的抒情女诗人萨福，萨福一生写过不少情诗、婚歌、颂神诗、铭辞等。综观冯娜即将出版的诗集《无数灯火选中的夜》，无论其题材如何变换，始终贯穿其间的是其抒情的本质。她执着于自白、抒情，既有歌的放情之言，也有记事的行进之履，风格颇似古时的歌行体。在这一点上她与萨福是相通的。

自我体验的抒写与女性直觉的运用是冯娜的强项。乡情、亲情、友情、悯情，回望式的情感追溯占了她诗歌的大量篇幅。孜孜追忆昔日的生存图境和过往存在的一切，使她在贴近原始脉搏中获得一种近乎大地之情的古老灵性。灵性是一种天生的禀赋，自知而执着于此，便是一种知天命的顺势而为。

从《看不见的吹奏者》便可见其内涵的大地之情的深广。诗中看不见的吹奏者既是具象的天地万物，也是时间、修辞、菩萨、信仰等抽象的元素。“……我要找的　已经不住在这里／风吹着我心里的菩萨也吹着我心里的水法／纵使秋光明媚　我还是感到了它幽邃的拒绝／它的排斥也是古老的，人群置若罔闻／它的信仰是尘埃的，风水降低了它的难度／菩萨在我感到迷惘时伸出千手／我知道，我也可以随波逐流／一个看不见的吹奏者，会让我忘却烦忧：／有时在天上，被叫作蓝／有时在这园子里，被叫作遗迹／有时是明月残照是波光潋滟／是告别是修辞是没有答案的谜面／有时被叫作时间／有时是萨福……”，她在万物中寻找生命的律动，寻找“已经不住在这里”的心灵谜底。

诗人以延续原始智慧的方式，在自然场景与抒情的交汇，冥想与自白的合流中完成诗意的流淌。“养鹤人只需一种寻找的方法：／在巴音布鲁克／被他抚摸过的鹤　都必将在夜里归巢”（《寻鹤》）。像养鹤人一样在天地间放牧诗心的冯娜，诗意也在她的放与收中集结而来——“一个口齿不清的孩子将小手伸向我——／有生之年，她一定不会再次认出我／但我曾是被她选中的人”（《美丽的事》）——即使是偶尔途经的事物，也在她的心湖中留下美丽的倩影。这种情怀，近似于母性的温存。

冯娜关于爱的短诗，写得特别出色。比如《口音》《橙子》《异地生活》。“‘你说话的时候没有口音／不像南方人’//我口里说着，心里想着另一些事／——叶子长在北方，秋风怎样变凉／如果我睡在夜里／感到一个人和他的梦同时造访//我的哽咽，一定带着云南口音”（《口音》）。这首诗由一个交谈中的场景切入，走神而想到了不在此处的“他”，这个他指向不定，可以指父亲，也可以是恋人，但“我的哽咽，一定带着云南口音”是确定的。这个让诗人在梦里梦到的——希望梦到的——他，必是能让诗人敞开心扉的人。只有在亲爱的人面前，哽咽才那么原汁原味，才那么痛快淋漓。在短短的篇幅之间，空间的交错与信息量却达到了远大于其间而满溢出来的效果。

“我舍不得切开你艳丽的心痛 / 粒粒都藏着向阳时零星的甜蜜 / 我提着刀来 / 自然是不再爱你了”（《橙子》），斩断情丝往往是“抽刀断水水更流”，对一段“藏着向阳时零星的甜蜜”的爱进行切割的同时，不舍的心痛与挥刀的决心形成了一股撕扯的张力。借橙说情，由物及意是一个巧妙的角度，而她在这首诗文本处理上的干脆利落与简洁尤为难得。

“一个找不着北的人，要向一个只辨东西的城市问路 / 一段秋分来临的路上，槐子在明亮的地方垂挂 / 我用在一堆衣物中找一颗暗扣的耐心 / 体验着背光的一面 / 有时锁不上门 / 有时找不到适用的药片 / 有时，我需要一把钝刀重新清理枝丫 // 这些怎么会成为难题 / 在一个永远人声嘈嘈的尘世 / 只是，大多数时候 / 为了离一些人近一点儿，再近一点儿 / 我决定还是让他们为我操点心”（《异地生活》），此诗上半阕罗列了一些生活中的小麻烦，让人产生一种生活的混乱感，貌似主人翁是一个生活能力较差的人，但下半阕话锋一转，“这些怎会成为难题……为了离一些人近一点儿，再近一点儿 / 我决定还是让他们为我操点心”，就像一个调皮的孩子，为了得到更多的爱而故意哭闹，读之让人莞尔。这样的抒写同时也是“对于包括‘爱我的人’在内的‘生活’的感恩”[1]。

“餐厅挂着一幅年轻画家的画 / 阴天，我仍在人群中阅读—— / 我猜他也一样 / 每天，我们都在研磨摊开的时间：/ 用南瓜汤、丙烯、熟人、一门他国的语言…… / 窗外花树抖动，它的灵魂匆忙 / 却必然会在春天回访我们 / 只有在这偶然的奇迹中 / 我感到我的幸福　和他的一样”（《宫粉紫荆》），诗人敏锐的直觉使她具有与事物相通的感知，从餐厅的一幅画中感知画家的气息；从窗内的宫粉紫荆到窗外花树的联动，这种通灵的感觉让刹那间的他者（包括人与物）与自我的相通构成一种“幸福”的心灵奇迹。

从一些理论观念出发，我们会讨论一个诗写者提供了什么样的时代经验或代际经验的贡献。诚然，对于写作是否具有创新和是否介入时代作出相应的审美，既有个人精神意识成长的阶段性局限，也有各人主观选择的结果。冯娜的笔下几乎不涉及时事介入与文本形式开掘，是有意的规避，以抒情抵抗现代生活的快速喧嚣与对心灵的消磨，还是择强项而为之？无论何种动因，甘之则无不可。而过于倚重抒情则会在思想沉淀与审美意识上止步不前，使作品轻灵有余而厚重感与深刻性不够。可喜的是冯娜并没有因为内里的抒情本质而忘却叙述的节制，情之动人，在于隐忍。她在节制的抒情之中所融入的具体事物和场景，则使本来容易轻飘失重的抒情稳稳地驻扎于大地上，避免了神一样的“全知”视角抒写的虚妄。

大千世界，万家灯火，一切都不可避免地汩汩流逝，能留存下来的有几何？而事物往往因为记忆而有了意义，因为冯娜“记得”这些物、事、人，于是这一切有了存续，她用诗赋予自己所看重所深爱的事物以人文价值与意义，因而这种爱也成就了博爱的情怀。比如《乡村公路上》的深情回眸，“路途的交汇，让我成为他们中的任何一个：/提着一盆猪笼草的男孩/背着满筐山梨的老倌/奶孩子的妇人，孩子手上的银锁/和，上面刻写的字——/‘长命’‘富贵’/仿佛我命长如路旁的河水/沐浴野花也冲刷马粪/来这贫苦人间，看一看富贵如何夹岸施洗……”。

而对于来自心底的这些深情律动，朴实的抒发应是最为合适的。电影《寂静人生》[2]的表现手法与节奏，就类似于这种朴实的慢板。影片主人翁约翰从事着为独居的亡者寻找亲人的工作，他孜孜不倦地为亡者寻找可能出席葬礼的亲朋，就算无人出席，他也以庄重的仪式为无亲（或有亲而不愿出席）的亡者举行葬礼，就像对待自己的亲人。而这种认真负责的态度却因为增加了办事成本和效率低慢而导致了他最后被解雇。影片以反复记录约翰一丝不苟的工作与生活轨迹铺垫出一个有良知的灵魂守护者形象。而当单身的约翰准备走向拥有女友（他在寻亲过程中相识的亡者之女儿）的新生活时，却突然在车祸中身亡而成为新的无主亡者，巨大的痛惜与虚无感深深地笼罩着影片内外的空间，此时，约翰此前关爱过的一个个亡灵前赴后继地赶赴他的坟前，站立为他的亲人。电影这样的结尾相似于诗歌写作中的宕开一笔，为由巨大的虚无感笼罩着的剧情，作了非逻辑性的“跳转”，而这一跳转无疑具有人文关怀的价值。

其实，葬礼的追悼就是让逝者在亲朋中再活一遍，让记忆梳理出活着的人借以反刍的情感寄托与灵魂慰藉（包括逝者的安魂），这也是生命以记忆的方式活在世上的一部分。这是活着的尊严也是死亡的尊严，他们是一个个独特的个体，而不是草草被集中填埋于地下，就像从没来过这个世界一样荒谬与虚无。

无论何种艺术形式，终极本质不外乎追寻心灵的安妥，即使在不同的时代，这一点是守恒的。而诗人在诗中对过去进行追认，把消失了的用诗复活；及时对心灵的触动进行定格，为爱延续记忆，也是一种对心灵家园（灵魂）的守护。在某种意义上，冯娜这种关乎自我与由自我宕开的大爱之诗写，也可以视为对人生的一种跳转式补笔。而这种广博的爱，正是我们心中燃起、眼中跳动的火苗的来路与依持。

注释

[1] 洪子诚：《阅读经验》，台北：人间出版社，2015年，第90页。

[2] 意大利导演乌贝托·帕索里尼编剧并导演的英语影片《寂静人生》（又名《无人出席的告别式》）。2013年9月于威尼斯电影节上映。

第六节
诗人是万物的语言转换仪

在诗人眼里，万物皆有其语言，它们或仗诗而言或借事而语，诗人就是其间的信号转换仪。构成这个大世界的每种细小分子，都蕴含着以小见大、见微知著的自然规律，所以，小的事物也可以引述出大情怀。

在诗人燕窝这里，各种事物都获得了言说的机会，她的诗就像一个万物总动员，它们聚集在燕窝的诗国里跃动喧哗，各自发出自己有别于他者的声音。而燕窝就如在《致桥：诗人颂》中所言，“从此，把杯酒称呼为祖国／从此关心低地里的人民”，她的“人民”并非统治者对被统治者的称谓，而是包括诸如蜗牛、豆芽、镜子、木偶、吊塔和楼宇等的各种细小生物与事物，重要的是，她和它们是平等的，以“不伤害、不赞美”的客观态度相待并对话，并在对话中呈现敞开的诗思。

“和散落的楼宇，工厂，吊塔交谈／它们多么像微小的积木……和满身泥水的犁头车交谈，交谈。无处可去”（《交谈》）；“那些简单的事物：来到／六点钟的尘埃大道／它们沿车轮飞散的一生，把草籽∥泥巴，蓄满暴力的砂石／准确地透过口袋／抓住我的胃部，一个空洞”（《牛鼎记》），我们可以用几乎无所不能的科技到达世界所有角落，兴建各种建筑，却又常常感觉“无处可去”，草籽与泥巴已在时代极速的车轮中失去原来的本质，到处都是各种工业“积木”与“尘埃大道”的复制品。这里的物与人已然互相渗透，达胃入心，故诗语既是物语也是人语。

燕窝的诗具有一种智性的硬朗气质，看这将“巢湖置于膝盖上，守西河／渴望闪耀／带领200兵士一夜飞渡八百里”（《和津渡〈镜子〉》）的气概，非有一颗“狮子心”不可。读这样的句子，不由生出淋漓的快意来，“它捧出米酒／往南去一趟，往北去一趟，在酒中／纵横驰骋”（《和津渡〈木偶〉》），这种任意东西、纵横南北的快感，无须奔波劳顿，在诗酒寄意之中已可达成。

在《和津渡〈蜗牛〉》这首诗里面，秉持着金刚杵无坚不摧的智慧的童子，可以说是诗人的“超我”，这个神性的“超我”却不能摧毁有执念的“自我”内心或外在的各种魔障，不得不因维护“亲者爱者忍者……”的各种行为而处于“白昼如同黑夜”的境地。“种种深爱如同死”，诗人以他人的痛苦为其苦，显露了以真如佛性为本性，观众生之苦而深为其苦的慈悲之怀。

因为叙述的节制和多种意念的并置，燕窝的诗常有一种神龙见首不见尾，偶尔露一鳞半爪之象，她擅于在各种表面上似无牵连的事物之中跳跃腾挪，拎出其中相串的线来。在豆芽菜家常的肉身品味中，蓦然“窗外的烟火会生出五趾／与鳞片”这种似有若无的关联，也许正是诗人从豆芽菜的“无根”与“有身”中，领悟了到“一切有情，皆无挂碍”（苏曼殊言），故能“覆盖一切有情。我在铁桶围困的江山／住持……掐指算来至少十方世界繁华开落了”（《和津渡〈豆芽〉》），并完成了精神上的顿悟式释然。

燕窝的诗歌能让摸到门道的读者享受到她捕捉诗意的乐趣，却也能让一些读者产生不得其门而入的困惑。但对于燕窝而言，我想，她显然更注重享受自我的智性追逐之乐趣和知交间的懂得之谊，而不介意欣赏者的多寡，一个人能够在这纷纭的世间达到精神上的自由与自足，就已足够。

第七节

灵魂蝶舞

在每个个体之外的一切，都是他者，而个体又不可避免地与一切外在的人、事、物发生着关联，这些外在，就是我们存在于世的参照系——他世界。旻旻的诗歌就是她的“他世界”，就是她灵魂蝶舞的天地，我把它分为四个维度，每个维度以她的一首诗代表。

他世界，是隔着一滴水的事物。

人之初，都是具有灵性的灵长动物，相对于灵性过早被世道磨灭的大部分人，旻旻常常与孩子们在一起，灵性的存续期得以延长，加上她对恶浊的自觉屏蔽，俗世的戾气没能沾染于她。正如她所言“和天上的星星不一样／暴露过多的自己让我不安／我学习节制，练习隐心术／和梦游者谈笑风生／与世界保持一滴水的距离……我仰望天空，有时有云，有时有风／有陌生的飞鸟，衔来花香和光”（《和天上的星星不一样》），一滴水的距离不远也不近，正好能部分地净化现实而产生距离美，让一切云淡风轻，花香鸟语。

他世界，是彼岸，也是乌托邦。

旻旻的诗歌所呈现的，是一个唯美的世界。进入旻旻的诗歌世界，就像进入如梦如歌的童话庄园，仿佛她化身仙子在其中徜徉、起舞，而缭绕其间的，是《水边的阿狄丽娜》的旋律。“肉身是事物的表象／如同我们的名字，毫无意义／世界一再缩小，变轻变薄／镜中世界，虚幻如同美好／一只蓝色蝴蝶从低处取水／天真的羽翼载满谦逊的月光”（《在虚幻的镜中世界》），镜与水在旻旻的诗中是常出现的元素，令人不由想起镜花水月的虚幻来，旻旻以“镜花”“水月”这不可得的意象来倒映出梦想的美好，在虚无中提取灵魂的蝶舞之影，不失为一个美妙的构想与呈现。让灵魂之蝶代替她因无法自如行走而被其命名为无意义的肉身而舞蹈。

他世界，是栖居在别处，也指我们都是世上的过客，只是途经此地。

旻旻以日子为线索记录爱，并以爱充盈现实中的每一天，她的诗在抒情的基调中也隐藏着爱与不爱的挣扎，以及生存的考验。正如她诗中所言，她在“收集路过的光，并把火烧旺”，每一天都是艰难的，又是美好的。旻旻以她坚强的意志和生存告诉我们，人生路再难也可以走好。“亲爱的身体，我的肉身／我任性的姑娘／我们不再较劲了可以吗？……我原谅了你所有的所有，一切的一切”（《亲爱的身体》），由无法改变的“无意义的肉身”转为接受并爱惜这“亲爱的身体”，是一种心灵力量的自我超越，她以生命力的温煦和诗性的力量来温暖在现实中渐冷的身心。是的，作为诗人，“这一生无法抵达”的，我们可以由诗歌抵达。读旻旻的诗，可以从中感受到她对生命的热爱，并为之感动。

他世界，也是我世界。

正如扎加耶夫斯基般，旻旻也“尝试赞美这残缺的世界”，拥抱这个现实中的他世界，她以爱去贴近、去成为其中的一员。“握电话的手，紧了一紧／眼睛漫不经心落在窗外／风中一树羊蹄甲上。像所有／的良辰，我确信那一刻的落日／是最美的……我可以纯洁得像火焰里的蓝／隔空，静谧而真实地／拥抱你”（《一月八日》），不论是对亲朋的爱，对她所教导的孩子们的爱，还是收藏于心底的柏拉图式之爱，皆因真挚而热烈、而美好。

有些事物转瞬即逝，我们无法去留住它，但我们可以去感知当下所遇到的，美的事物，比如飞过头顶的，被阳光披上霞衣的雪鹅；错把鸭子的背当岩石而歇落的小麻雀，就如美国女诗人玛丽·奥利弗诗中所言，“去爱那可爱的，无法长久的事物！／如此艰难的使命，／无法期待于//其他人和物”（《雪鹅》；倪志娟／译），诗人带领我们摆脱物化与大数据封锁的茧房，去体会万物在天地间自由自在的喜悦。

第四章

无限地趋近人的理想存在状态

诗歌来自生活，正如人存在于生活中不可分离。面对当下的生存现实并深入其中去挖掘是创作的基础，在这个基础上向更宽阔的领域去辨识人类的共性，并创作、传达出个性诗意是诗人对写作的担当，是作为知识分子所应有的文化自觉。理论并不是用来指导我们每一首诗的写作，而是我们为自己所归纳和认同的审美理性树立一个信仰般的思想标尺，这把标尺用于防止自己滑向美的反面，同时推动自己无限接近于心中的审美标高。这个接近审美标高的过程就是构建信仰的过程。具有理论素质的诗人，往往能在诗艺与理论的互相印证、总结中规避社会潮流对诗写的左右，避免走太多的弯路。

将言说方式与题材互相糅合而不露痕迹，使诗不会产生割裂感，必须以精神主题去统摄、贯穿一首诗，而不是简单地把一些语言碎片堆积在一起，而这种诗性与人性的互相照耀将让诗人前行的脚步更加坚定而有力。

第一节
以诗修行的先行者

“朋友离去草地已经很久 / 他带着他的瓢，去了大海 / 他要在大海里盗取海水 / 远方的火焰正把守海水 / 他带着他的伤 / 他要在火焰中盗取海水 / 天暗下来，朋友要一生才能回来”（《朋友》），东荡子仙行了，朋友们要一生才能与他相见。而同时，他又似乎从未离开，他通过他的诗，一直在朋友圈中来而复往。而以朗诵或评论的方式演绎与阐释东荡子的诗歌，既是对故去诗人、朋友的怀念，也是让好诗得以更大范围传播，让更多人了解、喜欢诗歌的有效途径。

一、躬行自明：肉身与心灵的苦修

因为2004年应东荡子要求，写了一篇关于他的诗《黑色》的更正（在某刊上刊出的诗与原诗有出入）与评论后，我对批评这个文体产生了真正意义上的兴趣，可以说我走上批评的道路，是东荡子间接促成的。这首诗凝练精悍，所以即使是编排上的一字之差，也确实有害诗意，由此也可见东荡子在诗歌文本上的严谨与求精。

自东荡子到增城定居后，与他见面的机会少了，但每次在诗歌活动中相见，几个较常聚的老朋友和诗会上随机遇到的一些诗友都会聚在他的房间一起聊天，甚至彻夜谈诗论事，有时甚至争论得不可开交。每次说话最多的都是东荡子，他那洪亮的声音伴随着香烟烟柱在空气中荡漾、发散。每次聚会看到他只顾抽烟、喝酒、聊天，我总忍不住要叫他先吃点东西。他却总说："没关系的，食物对我来说不重要，我只要一点点就足够。你看我不都一直是这样过来的。"

2004年圣诞节前夕，受汕尾诗人杜青、冷梅之邀，我和东荡子、世宾、老刀，还有驾车的家姐琳娜，一行五人出发去红海湾，一路上东荡子滔滔不绝，像是一个诗歌布道者，一直在说着有关诗的话题。乃至到了汕尾，当地的诗友围着他，向他请教诗歌问题，他依然一一解说，仿佛是一台强劲的永动机，永不疲倦。姐姐琳娜作为局外人，对他的印象是有点愤青，有点犟。我想，诗人多少都有点愤世吧。诗人往往具有济世情怀，也是最敏感的群体，当他（她）洞察到世事的各种荒谬与残酷，因为眼里揉不进沙子，愤世似乎是不可避免的，而诗歌正是诗人含沙成珠的丰盈产物。

“一间茅屋要几千年才能变成瓦房／建筑从未中止，但拖延也从未中止／误工和偷工减料、烧毁、坍塌也从未中止／从未中止的还有兵荒马乱和钩心斗角……杀戮将动物的毛皮紧绷在我们的身上／将它们的声带装进我们的喉咙……一颗心却在一夜之间就碎成了粉末／一颗心越来越碎，越来越碎成更多的粉末／它不能回答，它在忙于碎，忙于流血”（《上帝从不光顾我们的晚餐》）。当自然法则与天理被潜规则败坏与摧毁，无力抓住某些特权阶层挥舞的刀子——“往来于各个节气／然而在低处，从未见你把刀的爪子抓住”（《何等的法则》）——当“天空已裂缝”，处于低处的众生只能哀叹“人为刀俎，我为鱼肉”时，“坍塌便不只是淹没大地的声音”，而是整个人文世界的坍塌。面对这样破碎的世界，若要在心灵上获得平静，在写作上达到自由，则取决于我们怎么去平衡这种内心与现实的冲突。在东荡子这里，他的处理方式是苦行僧式的修行，他不断地为自己的人生做减法，在生活上，他摄取最低限度的所需；在诗写上，他恪守最精练的表达；在精神上，他驱除着侵占心灵旷野的各种黑暗，躬行自明，身体力行。他说：“人和万事万物都是泥巴捏的，要想不再被捏来捏去，只有砍掉或远离那些伸来的手。”[1]我在为东荡子作的挽联中有“东士仙行”之语，正是特指他具有“士”那种修身律己的品格。

因为摒弃了诸多物质的诱惑，诗人得以静下心来倾听万物的声音。从东荡子的诗中，我们可以看到他对自然物象的深切洞察与了解。“在空旷之地，或无人迹的角落／土地和植物悄悄腐熟／你转过身，蘑菇冒出来了／无声无息。却全然不像水泡／当着你的面也会冒出／声响果断，短促而悠远／有时还连续冒出一串／在同一个地方，接着便消失”（《水泡》）。这种与自然界的通感与共鸣，把诗人带入一种无欲无求，无功利得失的虚静之境。“那一刻来临，时间在我的周围静止／我的心回到了它自己的祖国，它无限宽阔／思绪由此远去，自由而宁静／流连所有的事物，但并不思想它们／那一刻我不会像往常，处在喧闹的人群／去深入他们和他们的事物中探求／我已失去重量，轻松而任意飞翔／在有些事物上，我会停下来／仿佛风从上面拂过，有时又会悄悄返回∥那一刻来临，我已经把我的肉体放在了一边／没有痛、没有感受、世界通体透明／我随意进去，又随意出来，像从未来过／我的朋友、我的亲人、陌生人，甚至伤害我／和被我伤害的人，以及动物和植物，所有奔走／繁忙和吵闹，在我前头闪过，从不打扰／我也不觉得肉体的颤动和心跳。那一刻／所有的一切都孤立，相互连接却并不纠错／时间已忘记了它手中的绳子／鱼儿在永远的水中／我在空中”（《时间忘记了他手中的绳子》）。这时的诗人，已获得了一种“上穷碧落下黄泉”的极致——领悟了自然规律之道，并从此进入生命的广阔境界——对荣辱生死处之淡然。这时的“我”，已无须结绳为记，在时间的节点上设立为之奔忙的目标。

东荡子与聂小雨结婚后，常对我说的一句话就是“来家里看小雨啊”。在一次《人民文学》组织作家到增城采风时，我和张鸿就来到了他家——九雨楼。一进家门，最打眼的是一长排的简易书架和长长的书桌，地板配搭鹅卵石图案的地砖，给人一种简朴和谐的气息。我不禁说，好！很简洁。他满脸得意地说：“这都是我自己做的。”作为木匠的儿子，他有这个能力。这时的他，有一种家常的温暖与近乎天真的笑脸。小雨则在旁准备煮水待客，家有娇妻，任是多犟硬的男人，也有温存的一面啊。而我们也发觉，自从有了小雨，东荡子的性格也悄悄发生了转变，不再那么锋芒毕露。而小雨本身也是作家，这对于两者的创作，无疑也是相得益彰的，故他们夫妻双双摘取广东省鲁迅文学艺术奖，也并不意外。还记得当时得知获奖消息时是在顺德，我们正一起参加第十一届华语文学传媒大奖的活动，大家纷纷祝贺东荡子时，他还不忘让我致电小雨，告诉她这个消息。心安则性平，正是家给他带来俗世安妥的栖居。

曾经与世宾讨论过东荡子的诗，说起他如果阅读更多的书，视野的宽阔和丰富的心灵体验将会有助他的诗歌达到更加辉煌的境界，也曾和东荡子当面谈论过。但到了后来，也就是“阿斯加”出现在东荡子的诗歌世界那个时段，世宾说，东荡子就这样走下去，继续冥想，继续走向内心，一条道走到底就行了，这路适合他。这似乎不无道理，随着年岁的增长，并在写作中不断反省自我与他者的共同弱点中，东荡子之前外露的锐气已逐渐内化为作品的力量，并发明了“阿斯加”这个诗歌符号，这个既是自我，也是他者的“人”，成为东荡子自由挥舞诗学之剑的载体，也使他的写作得到了更加游刃有余的挥洒。他在向内自我挖掘式的思考中，不少诗歌都附着了自我设问与自我解答的哲思范式，使其诗具有一种答辩式的自足性。比如《上帝从不光顾我们的晚餐》《我永不知我会是独自一人》《信徒》《何等的法则》等。而他的诗也受到了更多人的喜爱。

二、修辞的力量与精神修炼的共同发力

东荡子的诗歌之所以受人喜爱，与他所赋予作品的力量感与思想性（诗学精神）有关。他与世宾、黄礼孩共同提出的“完整性写作”理论是他的写作所树立的坐标。

东荡子的诗歌有一种演讲式的占领感，他以简短有力的诗篇开门直入式地抓住了读者。有力的修辞是一张拉满的弓，一旦修辞上的张力与精神指向上的某一主题互相触发，则精神主题的利箭脱弓而出射向读者的靶心。像他的《黑色》《宣读你内心那最后一页》《异类》《让他们去天堂修理栅栏》等诗作，都以其紧绷的力量感而直抵人心。

“我从未遇见过神秘的事物 / 我从未遇见奇异的光　照耀我 / 或在我身上发出　我从未遇见过神 / 我从未因此而忧伤 // 可能我是一片真正的黑暗 / 神也恐惧　从不看我 / 凝成黑色的一团　在我和光明之间 / 神在奔跑　模

糊一片”（《黑色》）。从未见过神是大众的体验，神在大众的心目中是高高在上的，谁都没有见过神，而东荡子却用“遇”这个字，把神拉到了与人平等的位置上，他让我们领会到，我们随时都有可能遇见神，他就在我们身边，就在我们心中。人有时就在神性和人性，甚至是鬼性中穿梭！

既然神可以“遇”，为什么我又没见过神秘事物、没在我身上发出光呢？下半阕的诗告诉了我们——如果“我”心存黑暗，则“神”也“凝成黑色的一团”，我们只有规避人性的黑暗面，奔向光明，才可能与神重合，形成神与我一体的“模糊一片”，这时，我们正走在通向光明的路上，呼应了上半阕末句的“我从未因此而忧伤”，因为我们可以用诗学精神修身，走向神性的超我——能够发出智慧光芒的我。

诗学精神是神性的、充满美与爱的精神，这里的神性并非指神话故事中所指的那类“神”，从唯物主义的角度来讲，神其实就是人类心目中用以自律、宽慰、提升灵魂的个人宗教。人在神性、人性乃至鬼性（恶念）中穿梭，诗人需要建构的，正是去除鬼性，拓展人性与神性，让人类的行为（包括写作）及灵魂在不断批判现实、规避黑暗——“这里黑暗除了政治的，还必须囊括人类事务的所有领域，包括：人类心理内部的怯懦、无可奈何、人云亦云及一切精神性病症；外部的疾病、战争、灾难、死亡”[2]——中无限靠近光明和谐的前景。

而东荡子的《世界上只有一个》让我们体会到每个诗人都是诗学精神的追求者，是驱散自身的黑暗与世界黑暗的修行者。所有的诗人都是诗学之塔的一块砖，在修炼自己的同时修炼出诗学精神的高塔，修炼出顶天立地的“大诗人”。在天下攘攘皆为利往的时代，一个重拾往昔珍贵事物的异类是多么孤单——“我孤身一人，只愿形影相随／叫我异类吧／今天我会走到这田地／并把你们遗弃的，重又拾起”（《异类》）——又是多么可贵！就算被世俗的阴影拖下水，“可他仍然冥顽，不在落水中进取／不聚敛岸边的财富”（《人为何物》）。这里的“冥顽”，正是一种精神的坚守与人性的修炼。

三、心灵图境的永恒性

作为社会的一分子，诗人在白昼时必须在代表世俗生活的“长着金属的面庞”的“一枚硬币前停下”，但也可以在黑夜里继续前行，不断“创造黑夜，鼓足飞翔的勇气／从此写下轻于鸿毛的诗篇”（《在一枚硬币前停下》），以与世人看不见的上帝相见。“上帝一直在我左右／他召唤我，好像他也在躲避／从不跟我讨论我错误的一生／也不愿把我的灵魂放在合适的地方∥当我最后离去／我只在秋天的怀里待过一个白昼／上帝却在黑夜的林中，我看不见”（《上帝在黑夜的林中》），并通过与黑夜中的上帝——也就是和“超我”（诗性的我）相见——达到驱除“黑暗”，到达光明的境界；使放养的心灵一步步走向更宽广的牧场，从而构筑出自由的心灵图境。

而世俗意义上的成功真的能带给我们幸福吗？当人们由世俗标准裹挟着，一路狂奔在追名逐利的狭路，而从不停下来思考人生的意义和真正合适自己的道路时；当我们忙得没有时间来珍惜身边的所有时；当我们的精神生活一片荒芜而行尸走肉时；这种同一模式的幸福，无疑是一副副的枷锁和镣铐，这种盲目的、想得到和别人一样的成功和幸福这种无休止的追逐和轮回，不能不说是人类永劫回归的怪圈。“谁在指使我们／创造光辉的勋章要我们佩戴／我们却往往在同一炉膛打出枷锁和镣铐……也没有人，不愿意不追求幸福／那好，还是让我们／来把幸福的含义全部揭穿／它来自人类／它是人类一场永劫的惩罚”（《生存》）。

唯其对人生意义持续的追问和透彻的参悟，才让诗人卸下了困住心灵的枷锁，获得了精神的自由——看淡世事，看轻生死。“他已不再谈论艰辛，就像身子随便挪一挪／把在沙漠上的煎熬，视为手边的劳动”（《别怪他不再眷恋》）。“一顶帽子无论怎样变化，即使如夜莺把夜统领／都只是戴在头顶。是的，他就这么看”（《他就这么看》）。是的，不管在世俗中拥有多么荣耀的头衔，那都只是一顶暂时戴在头上的帽子，一切终会隐入大地的恒久寂穆中。只有触及灵魂的吟唱依然会在一代代人的共振与时光的淘洗中发出独立的光芒。“我快要死了，一边死我一边说话／有一个东西我仍然深信／它从不围绕任何星体转来转去／倘若它一心发光／死后我又如何怀疑／一个失去声带的人会停止歌唱”（《倘若它一心发光》）。我们无法掌握生命的存亡与年轮的宽窄，但“值得我回味的或许是我已发出自己的声响／像闪电，虽不复现”（《不要让这门手艺失传》），闪电所照亮的人生，虽然仍不可操控，但只要诗艺不失传，诗歌精神的光芒依然会照亮更多人行进中的前路。

“把一个物件放到一个地方／它的位置在那里／但它的思想不一定在那里／任何永恒的东西都不会在心灵之外／我们犯过这样的错误／我们说：鸟儿，飞／鸟儿就飞走了／鸟儿真的就飞走了吗／我们把碑埋在墓地——不朽啊／我们所看到的人／无非是一个个墓碑的影子／他们孤独地离去。花束留下了／花束又在那里死去／我们再拿什么献在花的墓前／甚至一万年过去／我们仍有许多东西不解／光荣和羞辱／我们应当把它们放在哪里／啊心灵，永恒的尘土／我又一天接近了你／即便你和他们一样／从不把我放在心上”（《尘土》）。不管是先行者还是后来者，一切终究敌不过时间的磨盘，万物均归于尘土，而又永生于永恒的尘土——心灵图境。

“我无知而生存／我盲目地有知而生存得如此热烈／为虚无写下颂辞，为真实而斗争／即使痛苦也得用半生来眷恋……我永不知到达山峰还能继续上升／我永不知那山峰为什么使我前往／我永不知我会疲倦而去像那巨石滚下／我永不知我会是独自一人”（《我永不知我会是独自一人》），东荡子独自一人疲倦而去了，唯有心灵的吟唱永远伴随着他，并回旋在亲友中，在更多人群中传诵。反之，心灵图境与诗学精神的永恒性，正是一个诗人赖以安心与归宿的土壤。朋友说，东荡子是天上派来的，现在回去了。是的，东荡子就是诗神派来传道的，他完成了他的使命，“别怪他不再眷恋，他已收获，仿若钻石沉眠”。

注释

[1] 东荡子：《不落下一粒尘埃》，载《诗歌与人》专刊，2009年4月，第125页。

[2] 世宾：《梦想及其通知的世界》，载《诗歌与人》，2005年第9期，第19页。

第二节

观照万有，完整自性

通过对宏大世界中的社会事件与事物的观照，以抽象思维提纯核心价值，建构起通向完整心灵世界的途径，并由宏大与细小的相互印证、阐述而形成诗歌的张力，是世宾的诗写特征。在时代的大染缸中，有些人不自觉地厕身其中，随着黑暗的漩涡卷向更深的黑暗；而有些人虽然有所觉察——“他们看到黑暗／他们还在制造黑暗／他们在尖叫，在自己的造物中”（《命运》）——但由于其“独立之精神、自由之思想”不够强大，只能在盲目的劳作中制造着看似光明，却毫无意义的泡沫，并随着泡沫的破灭而堕入更深的黑暗。这是个人的命运，也是时代的巨轮所裹挟而行的命运。

在快速发展的经济时代中，原来的道德规范与审美情操已在利益追逐与不断解构中失去了大部分的约束力与参照系，个体在碎片化的现实中心灵已日渐粗糙，各种各样的贪欲已把一个人的纯粹性做了无情的肢解，“不能把献给你的玫瑰／毫无惭色地称为爱情／因为我的思念已像注水的猪肉……想给你一个广场／上面却已经有了不少违章建筑”（《给你》），诗人以社会事件（注水的猪肉、违章建筑）来比拟个人伦理（情感纯净度）的缺失，既达到了深刻生动的意韵，又隐喻了社会生活中价值坐标的丧失对个人精神生活的入侵。而社会与个人是互相依存的循环关系，每个个人的伦理失范又会形成社会层面的道德沦丧。所以世宾说："写作，实质上就是在唤醒人的内心，就是个体对整体回归的寻求。"诗人正是通过承担与揭露，来达到规避与消除人性黑暗的目的。

因为有着理论建构的先行意识，世宾的诗多属于形而上的感受与表达，以一种"光从上面下来"的神启式叙述来描写精神层面的感受，这种抒写容易陷于虚空，如果与当前的生活没有一点直接的联系或间接的触发点，就会感觉没有落到生活的实处，就像一件美丽的衣服挂在衣架上，是一种没有生机、没有血肉的美。而世宾的《借壶瓶山一日》《遇见你》等则用一些日常的特征，使诗歌达到虚实结合。诗意与生活的触发点有事件上的触发，也即动态的联系；也有场景的触发，也即静态的联系。

世宾的《遇见你》便是以遇见小女孩的事件中展开叙述，"遇见你，在去年的冬天 / 在隆冬的晴日里，遇见你 / 火红的棉袄和被冻红了的小手 / 在枯黄的草地上蹒跚地跑// 他们默不作声，像被什么驱赶 / 从你的身边经过，却听不见你 / 因缺齿而有些漏风的笑声 / 和脚环上时高时低的铃铛// 遇见你在那个宽阔的花园 / 你小小的双足每一次踏下 / 就像敲响了世界的鼓点 / 一切变得明亮，富有生机// 有谁能像你在风中跑 / 却望见阳光里飞翔的蝴蝶 / 和正在开花的无名小草 / 谁能和你一起笑，在无人知晓的地方"。整首诗充满动态的魅力，如"在枯黄的草地上蹒跚地跑""你小小的双足每一次踏下 / 就像敲响了世界的鼓点”都给人一种跳跃的冲击力。“他们”（包括诗人本身）被生活驱赶着前行，而听不见“因缺齿而有些漏风的笑声”，这里形象地用我们所熟视无睹的儿童所具有的自然特征——缺齿，凸现出我们对身边事物的忽略，使诗歌的生活气息更加浓厚馥郁，形成强烈的对撞效果。这个在冬天里的偶遇，使诗人通过小女孩的活力看到了“阳光下飞翔的蝴蝶”，意外地遇见了已经失落了的童真岁月。而“有谁能像你在风中跑”却又再一次强调了成人世界在生活的磨砺中形成的急迫感和颓废感，从而形成了鲜明的对比，使美感在矛盾中更加散发出引人入胜的磁性。

《借壶瓶山一日》则由场景的描画而触发诗意，从静态进入思想和心灵的联动——“借壶瓶山一日，依然可以发现／自然之美，并未远离／树木怡然生长，溪水长流／石头间的苔藓和蕨类／毫不晦涩地拓展着地盘／群峰怀抱中的村庄、茶园／通过炊烟——／赠我一幅安乐的图景……重新回来，仿佛未曾离去／喧嚣止于尘世／再次降临的欢悦和善意／源于这常青的群山”——使场景的呈现与心思相融而达到尘嚣尽熄，心境澄明。

在诗写中求大气、求厚重的姿态似乎为不少人所追求，但往往所谓的大气把握不好就会落于架空之窠臼。而世宾诗中的这类由“及物”向“思想晶体”循进的诗更容易以本质之美激起诗意涟漪。事物都有相互作用的万有引力，正如太极图以阴阳互生、虚实相融而圆其自性。

第三节

唱诗式抒写，浸入式濡染

写作的完整梦想并不是空头之梦，而是在遵从自然规律、探求终极目标的起点上做出的执着追求。同样，大多数宗教受尊崇的原因正是其教义所宣扬的是博爱、悲悯、正视磨难、皈依洁净这些让人们灵魂安居的普世美德，它使人们的心灵从善行及精神安居上体会到充满人性的包容之美和坚韧的神圣感。读着由波兰格但斯克大学出版社与中国花城出版社联合出版的黄礼孩诗集《谁跑得比闪电还快》，就如徜徉于心灵的原野中。

黄礼孩通常是以冷静的笔触在描绘着美与爱之画面，他把岁月静好的各种场景呈现在读者的面前，宛如礼拜日的唱诗者。同时，他也把身子俯下来，关注着细小的事物，感同身受地发出最低处的声音。“我珍藏细小的事物 / 它们温暖，待在日常的生活里 / 从不引人注目，像星星悄然无声……在这里向它们靠近 / 删去了一些高大的词”（《细小的事物》）。一粒盐相对于大海是那么微小，但正是无数细小的事物构成了我们眼前这个整体的世界。正如诗人所说的“再小的事物也有千山万水的缩影”，就算小如蜗牛的生物，“所过之处 / 留下的黏液痕迹，都是记忆的余味”（《它在摆脱速度带来的繁华》）。

在大自然之中，物质与人都是其中的一部分；而大自然中所有物质和生物（包括人）都是上帝创造的一部分，黄礼孩通过将物与人的某一相似特性相联结，而将部分回纳到整体中，将灵魂的阴冷角落推置于神光普照的安详中。他把母亲的逝去与家中的海棠树联结，把思念与天上的行星联通，以物寄思、以思赋形，使物与思联通为一个整体而获得了永远与母亲、与万物同在的内宇宙。这种自然情怀和宗教情怀的融通是黄礼孩修炼出来的，“与世俗保持距离，与火光保持距离”的一条通向内心平静的途径。

黄礼孩的《窗下》已在传诵中成为经典，“这里刚下过一场雪／仿佛人间的爱都落在低处”，这首诗的开头用下雪后的场景展开，显得亲切而形象，由雪的下降而联想到的爱落到低处——也即生活的实处，造成一个融契天成的氛围。初读此诗，就被这“窗外”的祥和风景深深打动，感触到一种深沉的大爱情怀！雪后的阳光明净而温暖，正像爱的包容和无私，而这些爱就像光线一样缓慢、无痕地渗透，撞响了心里喜悦的琴弦。最后的“诗眼”——“你像一个孩子／一无所知地被人深深爱着”，也因为读者都有被父母、被亲人、被恋人无私地、无限度地宠爱着或者同样地爱着别人的体验，故能从中体会到这句话所表达出来的深厚张力。而从整体来看，这首诗是一个全知视角下的顺势下落，故这种爱更是一种宗教式的广博之爱。

在言说技巧上，黄礼孩的写作已进入了一个新的境界，他把艺术上的跨界体验结晶为陌生化的语言运用与场景推演，比如舞蹈中的“云门”——“穿过云门，一连串的动作 / 滚动惊讶，闪出不同的表情 / 入戏的是一小片阴影的诱饵”（《朗读者》）——与舞容舞步给诗歌带来了流动的意韵。有的诗则充满画面感，比如《天空中白色的飞镖》便似一幅欧洲中世纪宗教题材的画幅，在描述的同时把人带进画境之中。

“一支枪枪口插上花朵 / 它还是一支枪，性质没有因此改变 / 而一朵花种在废墟上 / 它们一起构成了完美的夜晚”（《缅甸的月色》），这里通过虚饰之花与自由之花的并置，体现了自由的可贵与美好。“那个写下自由之名的人 / 她没有屈服于昏暗的命运 / 从一朵娇弱的花朵身上 / 她看到了辽阔的月色正漫过伊洛瓦底江”，走笔至此，诗中虽没指明却已呼之欲出的昂山素季——致力于以和平方式争取民主的缅甸民主运动领导人——已鲜活地浮现。“身体的牢房 / 此时被打开，草木散发清香 / 一个生灵呼唤着另一个生灵 / 每一个都在相互倾听”（《夜气》），词语在他这里像夜气散发、弥漫，也如植物拔节、生枝，自由地往前走，并生发出更多的枝丫。读者在不知不觉间沉浸于他所营造的淡淡的氤氲中，就像人自然地生活在万物之中。

作为一个有清醒意识的诗人，黄礼孩的作品中自然也不缺少思想风暴，但他总是以审美的长镜使他所针砭的对象包裹上一层理性之壳，或许这就是苏珊·桑塔格所说的第三种感受力，纯粹是审美的，不依靠激情来获得感染力。“风尝着未知的灰烬。就此别过 / 一个囚徒被押往徘徊之地//凭什么去解开生活的纽扣 / 疑问是条纹衬衫 / 穿在身上，像一个从污水之河里 / 上岸的人，淌着水……”（《条纹衬衫》），这里的条纹衬衫是日常之物，同时它也是拘禁的象形牢栏——“死亡的衬衫”——禁锢。虽然这种无所不在的禁锢可能“随时把命运带入不祥的黑色梦境”，但“世界需要新的编织，需要绣出爱的颜色”，诗人依然期望以诗的闪电和阳光驱除黑暗。即使“情非所愿的沉默在风中如此漫长 / 蚂蚁的眼泪，滴在空荡荡的大海 / 它举起双手向天空祈祷：/ 主啊，请你赋予大海永恒的澎湃”（《情非所愿的沉默》），诗人通过言说不得不的沉默，使语言得以超越沉默而衍生出令人意会的意味。黄礼孩孜孜不倦地以神性的宽慰、怜悯与爱去修补所见所遇的现实之殇；拂拭尘埃以抵达人性的完整、灵魂的安静。由是，他的唱诗式抒写也福音般袅袅飘入人们的肺腑。

第四节 显影式写作：在冥想与自然时空的接壤处

在冥想与时间、空间的接壤处，诗像海市蜃楼般出现了，而诗人以语言折射出时光深处的显影。游子衿的这组诗让我想到了这样的命名——显影式写作。

在之前评论“完整性写作”群体时，我曾说过游子衿的写作具有澄明、开阔的湖泊特点，他的诗歌呈现方式就像在你面前敞开一个湖面，让你可以看到漂在上面的落叶和杂物，也可以看到清水下的石头和天上的云朵。他以冥想敞开了时空中值得记取的部分。而在近期这组诗中，除了之前所具有的特点，他又开拓了进入生命历程中体会另一写作维度的层面，他以借用女性视角、心理描写的方式拓展了心灵空间与叙述广度。比如以下这首《1992年》：“她在税务局上班。一天早晨/带来一束三角梅，插在办公室/一个小小的花瓶里/下班时，男朋友来接她/两个人骑车在街上走着/正午的阳光/漂洗着这个遗世独立的城市/离夕阳下相遇的那一天/已渐渐远了，她依然笑着/有点心不在焉。楼下/传来熟悉的车笛，她推开窗户/外面是1992年的一个夜晚/是忧伤的，但尚未开始。”此诗以时空交错的方式，从一个女人的角度，截取了三个时点与空间，从早晨上班，正午下班与男友同行，同时插入与另一个人——“熟悉的车笛”（鸣笛人）——初遇于夕阳下的回忆，虽然“那一天／已渐渐远了”，但在记忆反复漂洗下却越发清晰。自然又联想到“1992年的一个夜晚”，这个夜晚“是忧伤的”（是分手？还是鸣笛人出了意外？）。而所有的这一切，均是多年后时光回流的冥想式回顾，而那永远的，忧伤未开始前的美好——“她依然笑着／有点心不在焉。楼下／传来熟悉的车笛”——期待爱人到来的场景从此定格，被收藏在心底，因为“她”让那个忧伤的夜晚“尚未开始”。但“她”和身为读者的我们都知道，那个夜晚是开始了的，而且无可挽回。

想起亚当·扎加耶夫斯基在一个访谈中所说的话：“我在阅读绝大多数20世纪前的诗人、戏剧家时，像莎士比亚或古希腊作家，他们所建立的那种尺度，人的尺度，总是混合了欢乐和悲剧性的时刻，或者黑暗。”唯其悲欢交集，才更是惹人回味！回想诗开头出现的三角梅，三角梅有一种花语是“没有真爱是一种悲伤”，如果这是诗人有意设置的“道具”，那么，这表示了“她”的真爱也随逝者（或离开者）鸣笛人而去。假设不从花语来解读，那么是否以词表义上的“三角”，预示着她与两个他构成的情感三角的关系，那么这首诗的复杂性也指认了人生的复杂多变。

接下来的这首诗，也延续了时空交错显影的手法。“她结婚了，多年以后／有了一儿一女。她经营着／一间商店，很忙／只在夜里上上网／六年前，她的一位同学／因为车祸离开了人世／她深深怀念着，在夜深人静时／流下悲伤的泪水。有一个人／一直偷偷爱着她，这她知道／

她已经不再跳舞了。多年以前／在中学校园里，有一位女学生／在《梦江南》的旋律中／翩翩起舞，穿着运动服／扎着马尾巴”（《梦江南》）。“有一个人”已死去六年，“她”仍“在夜深人静时／流下悲伤的泪水”，由此可见，她是爱着离去的人的，而这个人“一直偷偷爱着她”，说明，两者之间没有点破，这是一场情窦初开时所产生的欲说还休的暗恋。或者，因为碍于“她”已有了捷足先登的男朋友而没有表白。而她是知道的，却因为少女的矜持而不道破，直至人逝梦醒，她也只能以“不再跳舞”来为这份没有见光的爱伴葬。这首诗与《1992年》联合来读，几可形成互文关系，再现了一出缠绵悱恻的爱情故事。

游子衿以生命过程的体验性融入，特别是从女性那种脚踏实地的日常性出发，避免了纯冥想的悬空感，因为冥想处理得不好即会成为虚空。当一个人忘掉了自己的角色，而是全身心融入生活，融入诗意时，他的心灵也会更贴近万物的律动。

“我喜欢那些不知不觉出生的事物／但我不知道它们和什么有关／不知道它们从何而来／消失在何处，我只看见它们遍布四方／我置身其中感受快乐／从而把自己隐藏。有一天／我听到一片叶子在呼喊／于是从枝头上坠落，那一刻／风是如此轻柔，不知和什么有关”［《两个问题（其二）》］，诗人的诗性灵魂进入自然万物中，与叶子同体共欢，浑然如一，乃至坠地，也是轻柔而从容。不问来去，悲欢由之，这是诗的超然之境。就像《梅花开着》，不管生活中有多少大事小事，梅花都依旧宠辱不惊地散发着自然生长的暗香。

“我曾经不喜欢红色，但现在喜欢了／当一只蝴蝶飞着飞着，停落在／一朵红色的花上。红色一直以来的艳俗／被悄然抹去……//它一定是一个／唯一的人，我们至今尚未相遇”（《蝴蝶》），这里“唯一的人”可以是诗人期待的一个爱人，也可以是诗化了的超我，以爱与诗的眼光看事物，一切都将被赋予诗的光彩。祝诗人的蝴蝶早日翩然而至。

需要注意的是，对多维呈现的追求应注意避免用力过度，以免留下斧凿之痕。

第五节 “文以载道”的在场

对韩愈的崇尚和亲近，在潮汕地区是可感的，人们喜欢敬称其韩文公，更有韩文公祠、韩江、韩山等敬供与易名。而在清远阳山，这份敬意从“韩愈文化公园”“韩愈旧治遗址”“贤令山”等园址的设立上也是显见的。因为敢言直谏，韩愈先后被贬至广东的阳山和潮州，韩文公的为公之心并不因个人所处地位的高低及距离朝廷的远近而有所增减，正是因其作为“士”的大情怀使然，而“士”在今天可以和“知识分子”对接。

一、文本是器，用以载诗思的道

在我们的古典传承中，家国情怀一直是文学的母题，窃以为放在今天来说，也就是知识分子的担当精神，这和韩愈及后来的理学家们所提倡的“文以明道”“文以载道”是相通的。他们持守着以文本为器，承载诗思之道的承担精神，就像石头沉淀着地质变化的纹路般，“石头的沉默，浓缩了时间的孤独 / 也许一阵风来，就能把记忆吹绿 // 人类的许多错误和荒谬 / 常被文字遗忘，历史的筛子漏掉了细节的真相……我们依然相信石头里藏着真言 / 相信某一天，石头也会说话”（华海《石漠》）[1]，石头正如那些藏着真言的人类硬骨头，封存并传承着每个时代的真相与从荒芜中返青的希望。

古代的社会阶层是基本固化的，所以家国情怀多在忠君爱国爱民的范畴内。而现代社会的一切都在不可逆转的快速变化之中，人们需要不断学习，更新知识与磨砺思想。而由一个个人，无数个家的细胞所组成的国家也是如此，若不随着全球形势调整决策就会陷入落后于世界强国之外的自闭循环。目前的情况是科学技术日新月异，民众的思想意识却普遍跟不上节奏。过度的破坏性发展正在使生态环境失衡，人们缺乏共生意识，肆意掠夺自然资源，万物即使躲在它们的一隅里，也逃不脱人类伸向它们的手。田螺“缩进壳里，关上大门／以为从此安然无恙……却躲不掉，那一双／嗜肉的目光……”（唐德亮《稻田中的田螺》）。而当诗人面对一个朋友所送的翠鸟标本，由习常的无感，过渡到由思想触发而引起的内省，便可洞见在人类中心主义之下，人对待其他弱小生命的麻木由来已久。“如果死亡是拥有它的一个前提，／一个人会不会麻木到早已沦落为／死神的同谋而浑然不觉”（臧棣《翠鸟简史》），人们在无觉中对其他生命的轻忽，是一种残忍，这是诗人通过诗思自省也警醒他人的本意。而过度的索取和拥有也使人在疲于奔命中失去舒适自在之美，“拥有更少才是极致／慢到与内在的节奏吻合就比从前更美”（黄礼孩《它在摆脱速度带来的繁华》），诗人以蜗牛为言说之媒，表达不以占有更多为目的，不被潮流裹挟，而是以内求的心灵充实为美的人生，才是更自由自在的存在。

有使命感的知识分子正是随时在细察价值的缺失或偏差，他们在颓废时倡导锐志进取，在戾气过重时注重和谐与爱的建构。诗人作为知识分子中的一支，当与其他行业的知识分子共同以文化与社会实况多维引证、形成可感的、可持续性的价值传承，使社会风气、环境及资源得以良性循环，国家将随之得以健康发展。社会戾气偏重正是因为挣脱封建遗留的沉重枷锁后，公民意识没有深入普及到每个阶层与民众，个体缺少自律与同理心，所以在新技术与多元观念所带来的社会问题与即时信息中，难以得出正确的判断，做出恰当的反应。所以文学新的使命之一，便是宣扬公民在守法前提之下的自由，使每一个人都得到法律所赋予的有尊严地生活的自由。“苍茫的长空里，疫情蔓延／那么多的谣言植根心底／足以，让大地继续荒芜”（刚杰·索木东《圆月》），唯有心存律法，才能自动规避谣诼，同时也约束某些执法过度的暴力事件的发生。而依法行政的大道通且直，因为法律面前人人平等。

城市化的发展吸纳了大量的人力与物力资源，既带来了工业的腾飞，也不可避免地产生了乡村空心化的状况。对空心化的乡村的叹惋，也是诗人生活于人际隔膜的城市中，对乡村睦邻关系这种价值缺失的追怀之情。“没有人能确切地说出／树的表皮是怎样爆裂和脱落的／内部是怎样变空的／我也不知道这棵树在倒下之前／是否放弃了我所感知到的它的疼痛”（唐小桃《对一棵大树加以怀想》），而乡村振兴与城市的社区服务建设，正是弥补这种缺失的良策。广东文学界在文学进乡村、进校园这些方面的努力也是可圈可点。

二、价值追寻中的守恒与新变

诗心乃个人的澄明之心，诗之心乃天地之心，是存于天地之间的，超然于界外的万物同生共存之大道。那些得以流传的经典名作，正是因为它经受了历代及各种各样的写作潮流的淘洗，依然焕发着闪光的精神内核——道怀于胸，而超于形——给不同时代的人们以思想启迪及提供审美的多种可能性。这便是价值追求中的守恒部分，是为道。变化部分则是我们获得原创性的所在，即根据所遇到、观察到的人生遭遇与社会境况所做出的反应与文本创造。华海的《你砍最后一棵树》以同体慈悲的情怀，化身为树的同体者，对滥伐者发出警示——“我是个虚构的人，用一支笔 / 种树，在一棵树里写诗……你，成了你们，把自己伐倒的树木 / 我，成了我们，从树里发出的声音 // 我在用影子说话：你最后斫瞎的 / 除了光，还有自己的眼睛”——无休止的生态破坏必将危及自身，自我斫瞎的眼睛看不到未来，也丧失了人类的前景。而人只是动物之中的高级动物，是大千世界中万物链条中的一员，并不具有主宰一切的力量。正如黄金明在《丛林故事》中所呈现的：“一只老虎携带着 / 所有已逝老虎的魂灵。只有一只老虎了 / 它步履蹒跚地走着。它身上 / 携带着的那些囚禁老虎的铁栅栏 / 已变成血肉和皮毛……我注视那个在云端上耸立的人 / 他是不可战胜的，因为他是最大的虚空。”人亦虎、虎亦人，在丛林法则下互为映衬，而那个云端上的人，自以为一切尽在掌控中的人，正是最中空的虚壳。当骄傲的人类自以为人定胜天时，恰恰暴露出自身的虚弱，且不说人力在大自然面前的渺小，肉眼不可见的小小新冠病毒，已令人类阵脚大乱。疫情的发生也是对人类的警醒，我们“比地球／跑得更快，与生物消失的速度／同步，奔跑的狂欢／奔向死亡的竞技／能停下吗？——我们／比速度还快，正被星球抛出去”（华海《失踪的消息》），唯有保持敬畏之心，遵从可持续性发展的规律，方为生生不息的大道。

诗学精神所具有的思想上的审美理性和同体慈悲的共情性是最能打动人心的，以文学营造一处文化地标，也是人们得以休整生息，并重新出发的所在。粥样便在《在一默书房》捕捉到这一方心灵栖息地——“相信一座书房是时光女神的一双眼睛／通过它，看见静默处思想生辉……相信一座葱郁的小岛是睫毛长长的眼睛／它望穿流水的跌宕，积攒修复的大能……这一双、那一双眼睛，看到了、看懂了／沉凝、乐观和生长中的智慧／并镌刻在心里”。

而从文学上建立精神的联通，将文学扩展到泛文化（文学上的认同与民间崇尚的融合）的影响，也是文本作为器，承载道的部分。比如韩文公的无我、无私，为公、为民的精神，通过祭鳄文——《祭鳄鱼文》充盈着万物共生、惩恶罚凶，为民除害的精神内核——和祭鳄亭共同营造的图腾象征，使抽象和直观相辅相成而得到民众最大范畴的共鸣，这是个人独自开辟的个体文学地标与无限精神疆界之间得以通感的蹊径。

三、打开技术之笼与固有观念之囚

科学界宣称我们现在正处于“人类世”的阶段，虽然人类的影响迄今为止只是地质世代“三明治”中的最薄一层，但人对资源的过度开发与活动已经影响了地球的地质气候。所以不单是人与生物，人与万物都是有相关性的，而文学艺术又是人的文学艺术，所以也可说心外无物。故此人的心灵世界越宽广无边，越能在诗写的境界上超拔，与万物同频共振。细小的事物中也藏着自然规律之道，“碎花其实不碎／每一朵都有完整的蕊瓣；矮草也并不矮／生长在坡背，离蓝天很近……我俯身，在溪泉洗脸，面具欣然松落／随着哗哗的细流，回到原本所属的俗世……”（李衔夏《山坡书》）。当诗人在世道上奋力攀爬，忘了当初所追求的本心时，返回自然，回归出发地，才体会到原本以为卑微和渺小的事物，其实也是天地间独立而完整的存在。正如黄金明《山中》所指，“真正的花朵，不是为了争取成为随便一个果实／而是为了打开自己——繁密有序的花瓣”，返归真实的自我。

对于当下的写作，除了传承守恒的大爱、大义、大美等精神价值，“文以明道”之外，也应注重纳入现代化之下涌现的新生事物，面对、涵纳、超脱扑面而来的当下的一切，我称之为积极地随遇而安，也即思想的当下与生活的当下相互交汇。这既是对信息爆炸时代同质化诗写的规避，也是对未来敞开襟怀，诗写创造性文本的追求。当我们在疫情之下不得不自我禁足的时候——“从大寒到春分，我们都在／反复练习，逃离屋子的方式”（刚杰·索木东《隔离》）——也许正是我们练习与反思如何打开固有思维定式之囚的时候。《庚子生态诗歌选本》的编选推出，既是基于生态诗歌在广东所具有的深广度的根源，也是对当前疫情的聚焦与人文思考，同时也是对“载道”在场的一种趋近。

另外，传承与新变的某些元素在足够长的时间来看，就像莫比乌斯环的首尾相连、互为谜底。新与旧有时就是一个轮回，科学的进步论并不适应于文学。比如语言的变化，也是可借旧变新的元素之一。这是屈原给我们的启发，他的楚辞就是器与道完美结合的典范性样本，创作风格迥异于之前《诗经》的传统。总之，守恒之道与新变之器不管如何在场，都是为了让人类在与万物共存中，生活得更为自在与丰富。

注释

[1] 本节文中所引诗歌均出自《庚子生态诗歌选本》，海口：南方出版社，2021年8月。

第五章

生活阅历的心灵档案

人们往往在做了某些错事之后，会悔恨地说："早知道会有这样的结果，我就不会做了。"但是我们如何能够"早知道"呢？电影《恐怖游轮》里的杰西就因为独自抚养有孤独症的孩子，生活压力太大，总是为一些小事打骂儿子，乃至于在焦躁中造成车祸，与儿子双双丧命。杰西的灵魂不愿接受这个事实，一心想恢复失去的爱，弥补自己曾经带给儿子的伤害。因而一再选择进入三维时空的残酷循环中，一次次地陷入同样的轮回中，唯一支撑着她走下去的是她对儿子那绝望的爱。虽然这只是一个虚构的故事，但艺术的力量就在于它能给我们以各种各样的启迪，在生活中，我们也会因各种各样的原因，而像杰西一样产生焦虑，也不乏无意之中伤害亲人、他人的实例。我们没有先知的预感能力，但我们还是可以尽量避免的，我甚至认为，如果杰西有写日记的习惯，她将会在记录的过程中反思自己，发现自己的问题，给心程立下路标，生活的辛酸便不至于会蒙蔽她的心灵。同理，一个诗人把触发诗意的来由与社会、生活线索贯穿于其中，就有了为时代立档的意味，同时作为社会症候的见证者，也具有了时代纪写者的性质。

第一节
时代切面的纪写者

长年葆持一颗诗心，坚持诗歌创作，需具有发自内心的热爱，而以诗歌对时代进行线索式的呈现则需要诗人努力不懈的持守，并具备敏锐的文化觉悟。作为诗歌现场的持续在场者，杨克创作出了呈现时代切面的一系列诗歌，从90年代前后的《夏时制》（1989）、《在商品中散步》（1992）、《石油》（1993）、《天河城广场》（1998）；21世纪初的《人民》组诗；到近年的《地球苹果的两半》《我在一颗石榴里看见了我的祖国》。还有1994年的回溯式抒写《1967年的自画像》等，形成了历时性纪写（因其既有纪实的性质，但同时又具有诗歌抒写的跳跃性与想象力，我把它称为纪写）的系列作品。

一、在场：探索与创新

在第二届广东诗歌节上，评论家张清华说过，中国的诗歌经验和历史发展轨迹有同构之处，是从南方到北方的。他说："中国诗歌写作目前正处于从农业向着城市、工业化转化的过程当中。广东是新的诗歌经验的滋生地。"由于广东处于改革开放的前沿，诗人对于时代脉搏的跳动无疑是敏感的。在20世纪90年代快速城市化的广东，商品浪潮的澎湃就已经触动了“第三代”诗人杨克的诗性神经，而他的文化自觉促使他有意识地去构建属于“自己”的诗意城市，在数量的叠加和表现方式的新颖上都体现了其先行的态势。

90年代初，当大部分诗人仍在进行集体还乡式的写作时，杨克便已徜徉于商品的气息间。“在商品中散步　嘈嘈盈耳／生命本身也是一种消费”，他聆听福音般聆听“大时代的背景音乐”，以感恩的心“感谢生活的赐予”，并“由此返回物质　回到人类的根／从另一个意义上重新进入人生／怀着虔诚和敬畏　祈祷／为新世纪加冕／黄金的雨水中　灵魂再度受洗”（《在商品中散步》），诗人对市场经济、商品洪流，信息轰炸等不逃避、不抵触，而是面对现实，客观地呈现城市中所接触到的新事物。在杨克的诗中经常会读到紧贴新事物的全新描述，“结构现代文明的是液体的岩石／石头内部的冷焰／零度激情，绵长的黑色睡眠／保持在时间的深渊／水与火两种绝对不相容的元素／在事物的核心完美结合／蛰伏的黑马／永恒的午夜之血，停止呼吸的波浪／谁也无法涉过的光明河流／上下驰骋／从一个世界进入另一个世界……今天石油的运动就是人的运动／石油写下的历史比墨更黑……就像水中的波痕，伤害是隐秘的／大自然在一滴石油里山穷水尽／灵魂陷落，油井解不了人心的渴意”（《石油》），这首诗不但把石油的形态、性质与功用做了诗化的描绘，更把石油在现代建设中的重要地位，以及由此而引起石油争夺战的人性焦渴都敏感地捕捉于笔下。

杨克诗歌里的事物就在我们的身旁、手边，具体而可感，甚至让人随着诗的走向而感觉到电流的滋滋声、商品的香气和莎朗斯通性感的气息。杨克在20世纪90年代前后所作的《天河城广场》《夏时制》，还有后期创作的《人民》等一系列城市诗歌是真正站在城市的背景、语境上，贴近生活、贴近民间，以对城市的热爱和投入所感知的事物属性和当下的公共记忆相互结合，进行客观的呈现，使其作品具备了独特性和提供了新的诗写可能。艺术重在创新，记得广东现代舞剧团曾推出一场与众不同的舞蹈实验，他们把书法与舞蹈融合到一起，将两种原本并不相关的表现形式放到了同一个舞台，让人感触到文字活起来的美与舞蹈的泼墨式抒写。当时是在中山大学的一个小厅堂里，大家都围站着观看，并随着舞蹈群体的左右冲突而涌向各个角落，像是每个人都参与到这个艺术创作中了，这就是创新的魅力，它有着天然的感染力，让人感受到新生的惊奇与快意。

读杨克的诗，你会发现他题材的广泛与多向，诗思无拘无束。而时代的一些特征和事物，如夏时制、手机、电脑、飞机等都能在他的诗中读到。具有时代气息的文学作品是历史的佐证，正如我们通过阅读可以知道杜甫的那个时代有"朱门酒肉臭，路有冻死骨"一样，当我们随着时光慢慢老去的时候，我们的子孙乃至更远的后代，也许能从这些诗中了解到21世纪的一些生活痕迹，那么，这便是好作品的构成因素之一。

二、语象：撩开面纱的诗意呈现

语象是语言所形成的意象。语象区别于意象，意象是一种通过长期沉淀已然成为约定俗成式的文化符号，比如中秋月——中秋的月亮已因为附着了人的情意而形成了一个意识中的形象——团圆。而语象是每一个人所赋予的、不同于他人的意识形象。一个词在诗的层面，往往能给我们带来更丰富的多重感受和发散式的思考。诗人杨克在《人民》组诗四首中，以“人民”这个词呈现了诗意的多维性，使一个平面的词成为一个立体的，可供思想进行穿梭碰撞的空间，同时也是有别于他人的语象构筑。

通常“人民”这个词出现的时候，是在一些庄严正式的演讲场合与书面文件上，这个时候的“人民”是国家的主人，是可以行使国家权力，决定国家盛衰的主体。所以我们印象中的人民就是“高大上”的“主人人民”。诗人在《人民（之一）》这首诗里做了一个巧妙的开篇，“那些讨薪的民工。那些从大平煤窑里伸出的／148双残损的手掌。／卖血染上艾滋的李爱叶。／黄土高坡放羊的光棍。／沾着口水数钱的长舌妇。／发廊妹，不合法的性工作者。／跟城管打游击战的小贩。／需要桑拿的／小老板……”以一二节对各种职业、各种状态中的人的罗列，来把“人民”这个称谓落到实处，把我们从“高大上”的惯性中拉到现实面前，甚至精确到一个具体的名字“李爱叶”，让我们真切地感受到，每一个“我”就是人民，人民就是每一个卑微的“我”。而诗人接着又说“这个冬天我从未遇到过‘人民’”，这是为何？因为这个装聋作哑的句子是诗人设置的一个让人思考的节点。它让人在这个停顿中更鲜明地认识到，我们所听到、读到的“人民”和现实中“只看见无数卑微地说话的身体／每天坐在公共汽车上／互相取暖”的“普罗人民”并不重合，两者之间有着怎样的距离。

这种悖论式的角色决定了这“无数卑微地说话的身体”最后还是得“像肮脏的零钱／使用的人，皱着眉头，把他们递给了，社会”，继续其被忽略，或在口头上、书面上被轻轻带过的命运。诗的结句可谓点睛之句，也正是这首诗产生张力与意味的所在。而这组诗的《人民（之二）》《人民（之三）》《人民（之四）》也以同样的见微知著呈现了不同国家的人民性与地域意识。

三、表达：口语与语象的共洽

胡适提倡作白话诗时，便说用“活字”入诗，活字即正在使用的俗语白话，在今天也即是我们所说的口语了。杨克的诗歌语言基本是以口语和意象的共冶来完成诗意的呈现。口语是正在使用的日常语言，是最贴近每个时代脉搏的，对最新的事物有着最初的敏感，简洁而生动，也更容易走近大众，缩小技术上的边缘化。但紧贴时代的诗写因为口语的通俗性，也因为对新事物的抒写相对于已形成意象的事物往往显得较为生硬，容易形成不够精练的感觉。这是每一个敢“第一个吃螃蟹者”所要注意的。

杨克的《我在一颗石榴里看见了我的祖国》《地球　苹果的两半》《额尔古纳的白杨》等，就是活的语言与象形物的结合，配以意象、思想的深化，把直观的象形联想与抽象的共性特征联结在一起，便有了多维丰满的感染力。正如白居易描写家姬樊素的诗句“樱桃樊素口”般，樊素的形象因为樱桃这个象形物而增加了可感性，而樱桃也因为诗人的抒写而成为芳唇小口的代名词。杨克在《额尔古纳的白杨》中写道“秋风掀翻了天空的陶罐／泼洒下斑斓的油漆……像一个小妇人沉醉于今生／的幸福，满脸绯红”，这些真切可感的象形联想给读者留下了清晰的印象。“亿万儿女手牵着手／在枝头上酸酸甜甜微笑……穿石榴裙的姐妹啊亭亭玉立／石榴花的嘴唇凝红欲滴//我还看见石榴的一道裂口／那些餐风宿露的兄弟”（《我在一颗石榴里看见了我的祖国》），这里把石榴的多籽与祖国的多民族多人口相联结；把裂口而露出的果籽与餐风宿露的兄弟相类比；还有苹果与地球的象形，在手掌里的植物苹果与手机苹果的并置，“我在西海岸的黎明中醒来／在东方你正进入黑夜／地球是一个苹果……苹果和另一只苹果／在手掌里　东半球与西半球／那么近　如同邻家女孩”（《地球　苹果的两半》）都让人会心一笑。

杨克在诗歌中所呈现出来的正视物质奠基作用的态度，与更换旧有的观念、构建新的价值体系与人文关怀的努力，呈现了城市既具痛感又真切温暖的复调面相，也为时代提供了一个可供回味的切面。同时在代际经验的呈现上，显示出其鲜明的特性与创新的活力。

第二节 在对现实的楔入与超拔中建构诗性河流

“艺术中对世界的超出或超越，也是接触世界的一种方式，是培养、教育意志使其面对世界的一种方式。”这是苏珊·桑塔格在《论风格》一文中所说的，与倮倮的诗写可谓贴合。可以说倮倮的诗与生活是互为因果的，属于“生命同构式写作”的范畴，生命形态、精神探索到达哪里，诗便抵达哪里。从个人的漂泊打拼，步入创业之路，到成为跨行业企业家的过程，也是倮倮的写作从早期相对单一的关注生活、基层的抒写走进了更为多元的开阔境界的过程。诗人把自己从沉重的生活中抽离，以更高的视野审视自我与世界，并从思辨中获得重新进入更宽阔生活的路径。如果说原来的抒写是一种低头赶路的紧仄，现在就是一种信步闲庭、信手拈来的裕如之境。现实世界与诗歌殿堂分置于不同的次元空间，倮倮已获得在不同空间游走穿梭的自由境界。

一、楔入与超拔

印象中的倮倮是一个暖男，总是笑意盈盈且温文待人。他的骨子里有着传统知识分子经世致用的价值观，朋友们见到的他，总是脚踏实地地在做事，有着治事济世的襟怀。从2009年与诗友共同发起“良知·信仰·鼓舞2009——‘握手农民工’大型诗歌公益活动”并独家赞助出版第一本关注农民工命运和反映广大务工人员生存、生活状态的诗集《与一棵树进城——握手农民工诗歌选》，到发起“壹点爱慈善基金”的运作，他以一种务实的作风，化诗歌的无实用性为有用，以诗歌的名义、以诗歌的良知与精神信仰激发农民工兄弟的信心与热情，并以助学济困的实际行动帮扶更多偏远地区的孩子。

美国哲学家玛莎·努斯鲍姆提出在经济学领域中推行“诗性正义”，倡议将追逐利润最大化的资本本质，转化到本着对各方有益的中立立场来进行合理配置。把文学与经济两个看起来似乎不相搭界的领域联结到一起，却有着其必然性。诗的本质为修心，窃以为孔子的“不学诗无以言”，并非说不学诗就没法说话，而是意指没有诗歌精神——超越个体、局部和此在的天下观（西方则为世界观）——则没有公正的价值观。提倡以文学作品天然携带的道德感楔入经济领域，正是以文学所具有的“同情的理解”来抵扣经济学上唯利的冷漠。这是我在一篇评论国务院研究室司长、经济学家陈文玲诗歌的文章中所说的。诗性的修炼，无疑有助于陈文玲、倮倮等处于经济领域上的诗人在公共事务上做出更为人性化和公正的决策。这正是诗歌的无用之用。

同时，诗歌也是对现实的超拔，是人在俗世中的飞逸，诗人通过对沉重现实的抽离审美而获得诗意的安抚，在“生活的重轭下，／智慧和勇气皆严重磨损”的情况下，放飞自我，“放出心中的鹤，看它／飞过湖泊、山脉……飞进时间的内部”（《在因特拉肯放出心中的鹤》）。倮倮在这首诗中由现实的沉重（关于死亡、忏悔、重轭）到出神（放出心中的鹤），再回到现实（捡起一个纸鹤）的抛物线结构，完成了一次心灵的放飞（灵魂的羽化）和落到实地重新出发的心路历程。诗的结尾“我捡起一个不知从何处飞来的纸鹤，/跑起来使劲把它掷出去”是一个出彩之笔，他使这首诗的精神路线图和这个掷纸鹤的物理弧线重叠起来，达到了虚实之间的双重飞跃。诗里所思考的死亡等问题的沉重和纸鹤的轻盈也形成了一种诗意张力，使这首诗更加饱满丰盈。纸鹤同时也是诗的符号化表现，意味着通过诗意的飞逸抵扣现实的滞重，诗人通过心灵的自我施洗，脱去凝重之色，再次出现于人前的，又是一片暖人的阳光。

二、小世界与大情怀

倮倮善于从人们熟视无睹的世相中提取意义，赋予它们诗性的光辉。他不但关注身边人，也关注打工者、陌生人，正是对诗歌的热爱让其在资本的洪流中葆有一份人文的清醒和心灵的柔软，并对沿途的事物保持敏感和超然，“露珠里晃动的早晨/世界摇摇欲坠/尖叫的草茎/让低头赶路的人满怀羞愧……仍然渴望变得柔软、多汁/黄昏，他眼睛里的薄雾/张开翅膀/去寻找一个被篡改的身体”（《米兰·昆德拉的早晨或黄昏》）。他的心灵并没有在物化现实的官能刺激中麻木，而是时时处在自省与自我审视中，“我打着饱嗝从你身边经过/泛着红光的脸上/忽然有了忧伤”（《献给坐在酒店大堂里的一位陌生女孩》），这种“瓷器”般的纯净与恬静，是对回不去的往昔的追怀，是对喧嚣世界中独守静谧的向往，更是对不可多得的美的怜惜。“你就那样坐在那里／静静地／像一件瓷器／在这个喧闹过后的午后／在空空荡荡的酒店大堂里／放着寂寥的光”，这种瓷器般的光泽，正是倮倮窑炉所烧制出来的诗性光辉。

生活与生命的偶然性在人的一生中往往有其不可逆转的神秘力量，有时一个偶然的因素便造成了人生的重要转折。诗人了解这种近似命运的偶然，也尊重这种所见即所得的自然规律，所以诗人说“我喜欢这偶然／它有着迷人的真实”（《特鲁希略的黄昏》）。我们在时间的河流中被推搡着向前，遭逢着某些“偶然”，而在某个时间段的切面上，它是一种充满各种可能性的宽阔空间，选择做一个怎样的自我，向往成为一个怎样的超我，取决于意志与努力。倮倮不断地打破“我”的边界，由小我到大我，至超我；从“个人”到为员工、社会创造共同价值的“超人”集团，从而达到照亮别人的境地，这是倮倮选择持续努力所形成的“必然”。诚如诗人在《小世界》这首诗所言“我从身边的事物中汲取微弱的光／并让微弱的光消除内心的黑暗／顺便照亮我身边／那些也需要照亮的人”。

因为倮倮的诗与生活有着紧密的关联，且往往是有感而发，而非为诗而诗，故总能在诗中感触到他真切的情绪与真诚的心，这无疑是一种动人的好品质。然而倮倮也没有因为关注小世界而忽略了追求高尚的精神境界，在他的诗中，总能读到诸如“半生羁旅：该掏出匕首时，／没有掏出匕首”（《在因特拉肯放出心中的鹤》）这种路见不平的拔剑之意。正如他《在开往圣彼得堡的火车上读曼德尔施塔姆》中所言：“我焦虑大地上的事情，也焦虑天上的事情。//啜饮漫漫长夜如啜饮伏特加 / 天才诗人病死他乡。我羡慕他 / 苦难喂养的人生 / 并为他的苦难着迷。”同时，他也袒呈“但我——只愿在纸上经历苦难 / 啜饮一种古老的毒药如啜饮茅台酒。/ 我像风，在苇草尖上悲鸣 / 像一支挽歌在等待收尸人”。诗人敬仰曼德尔施塔姆为一种信念而倾出所有，甚至生命的勇气，但终归是心向往而不能至，因为俗世的责任和许多的不舍牵绊着他，故只能在纸上，也即以诗为自己所不能而悲鸣、歌挽，有一种类似于曹操“割发代首”的意味。而他的家国情怀与内心的忧患意识因为自我约束的缘故而蒙着一层面纱，未能达到应有的深刻。这是一种现实的选择，也是一种无奈。

三、诗写特征：对立与统一

倮倮的诗写中有个突出的特征是用拆分与组合的手法与角度，来达到呈现诗意的目的。比如拆分式手法的《河流》，“我的身体里埋藏着两条河流……//一条向西 / 一条向东……”；组合式的如“黑暗与光明”“打工者与管理者”等对立角度。黑暗与光明在倮倮的诗中常是结对出现的，比如在《跑步家》《与妻书》《小世界》《布拉格》等诗中都可见到，他通过对立词语的并置而形成悖论式的张力，并最终在诗性的统摄中获得诗意的浮现。这好比作为企业家的倮倮，他在商业决策中同样存在正反两面，甚至多方的考量与预演，而他最终整合了两面、多面的共通点，成就了最优方案。

综观倮倮的诗生活，我们可以看到，倮倮在建造一条属于他自己的诗歌河流，“当我第一次给这条河流命名／又一次次写到它的时候／这条河流已经属于我了／我通过凝视这条河来凝视自己//——没有比在闲适的时候／翻阅一条河流//更让人动心的事情了／我时而微笑，时而流下泪水//把一首诗像一颗钉子楔入时间”（《给一条河流命名》）。他随时随地携带着这条河流，不断在大地上集取飞升到天空，又降落下来的雨水，汇集到他的诗河之中，“去年我就准备了一个／里面装了一条河流的笔记本／打算去接它的雨水”（《布拉格》），这雨水是艺术，也是自由精神。它有布拉格的成分，也有倮倮把诗意符号化于其上的成分；它是时代与途中的诗意，也是值得记取的人生养分。有意思的是，在实体经营中，他也实现了诗意在现实中的符号化——超人厨卫集团、虚度光阴文化餐饮连锁——“超人”就是一个“超我”，而他在现实处于“跑步家”一样的不断奔跑中，却以“虚度光阴”来寄寓精神的栖息。这也正是诗之于他的生活的意义，通过对沉重现实（黑暗）的审视与消解，获得超拔的诗意之轻盈（光明）。

水在倮倮的诗中也是一个常见元素，他的新诗集名为《大地上的取水者》可说是一个自况——诗人在大地上行走，撷取沿途的诗意浪花与雨水，从而汇聚为生命河流的清响，奔向诗性大海。倮倮总是给人一个充满正能量的感觉，当然不是那种表面或表演的正能量，而是一种脚踏实地的正能量。他的诗与现实通过不断的超拔与回归，在不同的空间中创造自我价值和社会价值，从而形成一个阶段式上跃的动力惯性。期待诗写历程与人生轨迹总在不断地超越新阶的倮倮，在前行中拓宽题材边界，在深刻度上有更多的掘进，构建出更为宽阔深邃的诗歌之河。

第三节

想象力、情商与哲思的集团感染力

诗歌是对现实的超拔，是人在俗世中的飞逸，故曾经浸淫于诗意中的人往往欲罢不能，许多在学生时期写过诗，进入社会后因生计繁忙而中断的作者，多数会在某一时间或某一事情的触发而重操诗艺，林旭埜就是这其中的一员。笔者作为他的妹妹，眼见他远离诗歌甚为可惜，同时也抱有希望哥哥通过诗歌写作进行积极休息的私心，便劝说其重拾旧爱。自从2014年开始重新写作以来，林旭埜呈现出一种涌泉式的创作态势，不但数量上日增月升，写作手法也迥异于学生时代的抒情套路，作品呈现出焕然一新的面目。

林旭埜具有从日常生活中提取诗意的能力，在诸多诗歌写作的构成元素中，想象力奇崛是其最为突出的特点。他善于从不同的对象中提取出抽象的共性，同时又把它具象化地表达出来，使人读之既超乎想象又有会心之感。“地球／是一只转经筒／足迹／皆为写满地面的／‘六字真言’”（《地球是只转经筒》），诗人从松赞林寺的香火联想到宗教的源远流长；又通过转经筒的旋转而想象到地球自转的亘古绵长；由人们朝拜转山想到颂念真言的周而复始，这些从独立的个体中提纯出共性的张力达成了诗意的呈现。

在《父亲的球艺》这首诗中，诗人由父亲打乒乓球的技法，联想到生活中的事件，并从原本不相关的场景与事件中找到其内在的联系——打球技术上娴熟的“防守推挡”与生活中面对冲突的“避实就虚”都具有太极的化力技巧。面对母亲的唠叨，父亲避实就虚，以太极推手的圆融，把“打球太拼”等“缺点”引向“身子骨照样这么硬”的优点。这种四两拨千斤的生活智慧是经过岁月沉淀而形成的情商，与其以蛮力对撞，两败俱伤，不如顾左右而言他，反而能化解生活中的矛盾。其实，这种唠叨式的责难，也是老一辈表达关爱的一种方式。他们拙于（或者不好意思）像年轻人一样表达关爱，故而以责备的方式来掩饰内心真正的动机。诗人通过生活场景的并置，给我们带来了解决生活矛盾与发现事物本质的启发。诗人的言说并没有到此为止，而是接着把想象力发挥到极致。通过“把太阳从东边扣杀到西边／把月亮放个高球，常挂在天上”的夸张手法，强调生活需要想象力与技巧，婚姻也需要经营，而使生活过得轻松的途径是练成能够操控“足够大的球拍”的胸襟。

都说“少年情怀总是诗”，在中年写作中，青春的激情已然退去，但阅历与经验却是一笔年少时无从获得的财富。我认为阅历与经验的思辨结晶便是哲思。在林旭埜这里，哲思往往成为其诗歌的骨架，使他对现实的介入具有诗的意味。事物的软与硬，弱与强并不一定是表面所见，它们具有互相转化的可能性。正如水能载舟也能覆舟，无形的风也能刮塌巍巍大厦。在诗人这里，风更是被赋予了正义的力量，用以斩下罪人的头颅——哪怕这个人是高高在上的“太阳”。“坚硬的石头在无声风化 / 只有软弱的野草，弯腰之后又挺立//风，提着寒光凛冽的刀 / 一会站在高处，一会奔向低处//它的吼叫凄厉惊悚：若无认罪之人 / 每天黄昏，将斩下一颗夕阳头颅”（《寒冬里风提着刀》）。

诗人以自然景象影射人事代谢的社会大环境，“发酵了整个春夏的大事件 / 终于在季末揭盅”（《立秋》），大事件与秋老虎终归要纳入正常运转的时序和节奏。同时以气候紊乱代指纷纭世事，末节以回归正常秩序作结，达成诗与事，景与人的相互代指，这种春秋笔法在林旭埜的写作中占有较大的比重。他在以《纸上春秋》的方式抒写他的所悟所感，“前页的秦时月，照彻后页的汉时关 / 上卷的长城烽火，烧不焦下卷的后庭花//笔墨落处，闻马蹄声四起 / 指尖翻动时，见波涛涌动”。他在诗中告诫自己，“你可以左手写春，右手绘秋 / 可以翻手行云，覆手泼雨，但//不管是轻描淡写，还是浓墨重彩 / 请用洁白的灵魂为底色”（《纸的自白》）。在写作中纳入哲思是使文本厚重的途径，但需要警惕的是不可太倚重思辨，思辨过深则易使诗意滑入互相矛盾的境地。

林旭埜是具有文本意识的，他在写作的过程中就已有意识地把每一个主题尽量多方面呈现，形成一组诗。《孤山放鹤》这部诗集是由十三个组诗组成的，而不是通常我们所看到的分成几个大辑，而是一个组诗自成一小辑，这更有利于感染力的集成，我把它称为“集团感染力”。比如在第十一组诗《漂泊》中，把黑、白与乌鸦写出了极致，既有词的本义与再认识，又在诗与诗之间获得了互相诠释、互为张力的效果。

第四节

诗人的文化自觉与诗歌的可能

——揭阳诗群略论

情感有缘起，思想无疆界。作为由情感与思想相结合的诗歌，“自由”是其最重要的精神元素。没有了独立探索事物本质的思想和个性自由的表达，诗歌就失去其有别于他者的灵性和韵味，从这点来说，诗歌具有任何的可能。诗人作为一个自然人，是有七情六欲的，他（她）不可能自始至终都把自己的写作框在一个主题之内，每个人都有多面性，进行多种尝试未曾不可。以任何道德正确或政治正确去要求别人的创作都是不可取的，但我们可以对自己有所要求，可以抒写、宣扬我们所坚持的价值观和对责任的承担。而这个“自由”是要有自设底线的“有限自由”，有骨有格的自由，才不至于有辱诗心。这也是诗歌所必须面对的问题——每个人由自身的视野、学养和境界所形成的价值坐标（其中包含普世价值和个人经验所累积的价值观）。

网络上有部分女诗人的“性诗”写作掀起了不小的风波，有的人批评得很难听，甚至带有人身攻击的成分。我只想说请宽容一点，没必要对她们加以污言秽语。这些人中有的并不是刻意去写“性”，而是一种探索或者题材上的拓宽；有的是刻意地以“性”作为噱头，这从其作品上不难分辨出来。而后者可以说是出于“影响的焦虑”，从本质上来说，这和男诗人发起“下半身”“垃圾派”这些写作并无两样。因为浮躁的环境和内心价值坐标的缺失，致使后者左摇右摆地争夺眼球，当其在诗路上成长起来，拥有淡定的澄明诗心，就不会试图以噱头来引起人们的注意了，这种争夺眼球的噱头，最终都会成为过眼云烟。诗人，还是要以经得住时间检阅的文本说话。

真正的好诗，是具有思想性的，其中贯穿着审美理性和个性魅力的气息，这种难以穷尽的灵魂暗香永远比一时的惊艳更沁人肺腑。而具有诗歌价值的文本淘洗与存传，需要诗人与热爱诗歌者有持续的文化自觉。大到有意识地为诗歌史留下文本与线索，为文化的传承接续脉络的各种诗歌专题、选本的持续梳理者；小到个体诗人的担当精神与对诗写“自由”尺度的把握，以及诗艺上的磨炼与创新，都是具有文化自觉的体现。

可喜的是，家乡揭阳也有这样为诗歌传承而努力着的义工。当“揭阳新诗十三家”诗歌合集《剥洋葱》在我的面前敞开，我由衷地为默默传递诗歌火种的他们而感动。雪克作为揭阳新诗创作的在场者，无论是在写作的创新意识上还是对揭阳本地诗群的扶持上，都堪称领军人物。正因为有雪克、阵风等老诗人（这里的“老”是指写作的时间跨度，阵风有诗曰“我正年轻”）的坚守与支持新诗发展的杨小枫先生等热心人士的支持，才有了现在业已形成的揭阳诗群。尤为可惜的是，在2005年由雪克发起，阵风、胡童与本人共同参与创刊的《南方诗报》，在诗界引起广泛影响后又因经费及人员变动等多种原因停刊。惋惜之余，更期待能在往后不断看到揭阳诗群各个阶段的创作成绩。继2004年出版“对揭阳地区的现代诗创作来说具有破冰意义”（评论家温远辉语）的揭阳诗人诗选集《导火线》之后，这本新合集《剥洋葱》再一次呈现了揭阳地区诗歌创作的水准和最新的阶段性成果。一个地方的创作如果能够形成一个相互促进、和而不同的群体和氛围，无疑会对创作的发展起到重要的作用。

把《剥洋葱》命为书名，想来不无以文字为器，剥事物与思想之皮使露其核的意思。孔子说“见贤思齐焉，见不贤而内自省也”（《论语·里仁》），诗写对于一个个体来说也是一个通过对内自省、对外审视而达到见贤则思与之齐，见过则知耻从善的过程。在逐利忘义、道德滑坡的社会现状下，雪克在同名诗歌《剥洋葱》中重新思索“耻感文化”，正是诗人洞明世事、剖露其核的表现。“开会的最高境界是／将活蹦乱跳的人开病／而把病重的人开得／活蹦乱跳”（雪克《开会》）；“不必指着花园，让我看花团锦簇／我知道／该开的花会开／该长的草会长”（雪克《我的冷漠》），这种被我称为“冷调侃”的抒写，正是雪克游刃有余地展现其新锐一面和袒露时代利弊的方式。

阵风在这里脱尽了他用于小说中的慧诘之风，朴实的诗风正如他在诗中坦诚地说“我是农民的儿子”般真挚动人，“我可以低着头做人／还可以昂首阔步／我可以被人狠狠地打／还可以狠狠地打人//我没有多少储蓄但永远富有／我没有多少快乐但永远快乐／我没有多少高度但自觉伟岸”（阵风《我是农民的儿子》），这里的“我”已不仅仅是个人的我，而是众多的正直质朴的人的化身。在这里，诗写方式与诗歌主题达到了高度的统一。

孟夏、蔡小敏、高淑琼、欧俊勇更多的是把诗歌作为身心安妥的一种寄托与对美好事物的追寻。

孟夏的诗是对生活与情感的沉淀与结晶，诗人擅于从不同角度表现出深植于心中的情意。“我用文字秘密筑造一座监狱，把你／囚禁在里面……我还要把围墙／一寸一寸，加高／防止身怀绝技的你，成功越狱”（孟夏《囚》）；“往死里狠狠地想／肆无忌惮地想”（孟夏《醉酒》），同样是表达炽热的爱，他想用文字囚禁他的爱人，但被囚住的何曾不是他自己；借酒思念心中的爱人时，却醉于思念中。他自觉或不自觉地用诗歌在给自己设局，让自己钻进去，这种近乎痴情的自我纠缠因而更加真切动人。

蔡小敏的诗一如她本人般温婉可人而又柔中带刚，她以细腻与温情的笔触营造着她活色生香的诗世界。她的诗常带着水雾的氤氲气息，述说着女人婉转悠深的心事，但也有“笑声终于盖过剧情／喜剧里的悲剧／到底没人看懂”（蔡小敏《冬季，第一场死去的雨》）这样的哀叹，就像温情里包裹着尖锐的刺，让人不禁生出我见犹怜的心疼来。

初读高淑琼的诗，舒心的稻香随轻风拂面而来，也许是她诗歌中自然流露的开朗气息打开了读者的胸怀，“橘黄和蟹肥／在季节的侧面静静蛰伏／稻子头上的黄金／在丰收的快慰中／闪烁……暮归的人／在缀满菟丝子与紫云英的小径上／倾听生命拔节的声音”（高淑琼《稻香》）。高淑琼在倾听内心呓语的同时，也放眼于广阔的天地，她乘着诗的翅膀自由飞翔，到大自然中听春汛，于季节里品饮醇香，放远的眼界使得她的诗歌有了疏朗趋阔的可期之势。

欧俊勇则沉浸于他所推崇的古典意境中，或寄情，或凭吊。“一杯冷茶／在窗前／浸泡着古典的惆怅／将荒芜的文字／表达成一个美丽而苍凉的手势”（欧俊勇《走向苍凉》），他的诗，让人想起一种烟锁雨笼的怀旧感。

阿兽与胡童的诗都有生活气息丰满、叙述练达的特征。

“那些年似乎听不见现在的流行音乐／矮几上只有收音机喑哑的沙沙声响／频率调动的时候像琴弦拉扯着岁月……那些年门槛光滑时常坐着一位老人／一家子进出的姿势保留祖父的习惯／黄昏赶鸡入埘时发出噢噢的连叫声……那些年确实遗忘了本应完整的故事／我已拼不清楚当年人们的口语习惯／但我总以为那应该是最揪心的年代”（阿兽《那些年，我所眷恋的事物和人》），阿兽的这首诗情绪隐忍节制，结句“但我总以为那应该是最揪心的年代”使情绪达到了最高点，此句语调看似与前面的节奏无异，却因为全诗一直贯穿着、紧绷着的内在旋律，而使这点睛之句获得了最大的张力。读着阿兽的《笑容》，我想起了一个手拿烟枪、蹲在地上稍息的农民，他开怀的笑让满脸沧桑的皱纹像盛开的秋菊，长年的劳苦并没有使其露出哀怨愁苦之色，却显出了“一尊佛祖”般的祥和之态，是的，那是千千万万平凡而又脚踏实地、内心平静如佛的躬耕之人。

胡童收录在集子里的诗均具一定水准，时空在他的诗中有较为偏重的成分。他擅于在不同时空里进行切换与互视，“岁月带走的，不只是青春 / 你的生命，最后剩下 / 五十年前的旧事……想起五十年后，必须与风作一场对话 / 顺便要回那些被吹散的东西”，并从中领悟生命不同阶段的洞见与心态的平和。“不必强迫自己享有百年的春华秋实 / 时间会流去，风有翅膀 / 风吹去，会留痕”（胡童《让风吹去》）。在《旧时光》中，结尾“而倦鸟归巢，看起来 / 更像一个个夕阳西沉”以古诗宕开一笔的方式，让此前絮絮的叙述在此处豁然开阔。

陈江涛则向我们展示了另一种诗歌的可能性，他跳脱自身而审视所遇到的人们的生活，乃至国际大事。“远方 / 又一辆垃圾车 / 洪水猛兽地奔来 / 在那个女人的眼睛里 / 撞出了 / 一抹独一无二的色彩”（陈江涛《在溪边遇到拣生活的女人》），这里从垃圾车到来时女人眼睛里的异彩，读到了困苦生活中的希望与人性的坚强。另一首《在溪边再遇到拣生活的女人》，则用“希望的土地”代指垃圾堆；以“纯净的怀抱”对比肮脏的垃圾——“妈妈坐在希望的土地上 / 留出纯净的怀抱”——这两个代指映射出处于生活底层的人在尘埃里开出花来的坚韧与母性的光辉。《鸽子的命运》则以“治大国如烹小鲜”式的戏谑，把谈判桌上“以眼还耳以耳还眼”的打太极、利益互换等惯例，摊开在桌面上，揭示了和平不过是各方博弈与条件交换的体面餐牌。

张玲玲的诗歌语言简洁纯朴，思想脉络清晰，字里行间蕴含着真诚的“我”，读者会因为她的真诚而自然地进入她的诗思。她在诗中向我们《讲述》，“写诗，只是为了给自己留下证词 / 只是提防这一切突然中止”，并以《一首诗》告诉我们“一首诗就是一种方法 / 跟自己和解，再和生活和解”。就算批判守旧的观念，也像是和你谈心般——“看见风一阵阵吹过田野 / 揭示人世的寂寥、空旷 // 我想 / 最终我们会死在那些陈旧的观念面前 / 被人们的记忆悄悄埋藏 / 可这真的不是谁的错”。

温科英的诗虽都是一些情感的悸动与倾诉，却因为切入角度与场景的变换和真切的叙述而具有多样性与可读性。“你来了，抑或未来 / 我都会在子时到达 / 那时昼夜交替、人心最真……子时，我举起一张薄薄的纸片 / 虚拟你的到来 / 这张纸片收集了白天的阳光 / 和春天的一颗心”（温科英《春风渡》）。她告诉我们，诗让我们能够“穿过一段段光阴，安静地活”。

杨泽芳的诗思跳跃、空灵，带有一种梦想远离生活之痛，正如她诗里说的“不让你长翅膀 / 是为了让你活得更像人”（杨泽芳《半边天》）。“我这样看星星的样子很多年了 / 我好像在停顿的时候遇到过你 / 没有亲人相伴，路上大雨滂沱 / 你曾是一个戴草帽的孤独少年”（杨泽芳《凌晨一点——给父亲》），此诗由“我”的孤独而联想到父亲的孤独（其实这也是思念的一种表现），每个人都是一个孤独的个体，但亲情让我们在最寂寞无助的时候，依然内心有所倚靠。

在罗少杰这里，我们又看到了诗歌的一种可能。他在“生活的残酷”中渴望流浪，“设想了很多种离家的方案 /

并在各种设想中疲惫不堪”，最终找到了适合自己的流浪途径——回到内心，随诗歌去流浪。“我毫不犹豫地回到心灵，走在逝去的乡间小路”，通过心灵的自我放逐来安抚现实的蠢蠢欲动，从而找到了心灵栖息地，达成了地理上与心灵上的“诗意栖居”。

揭阳是潮汕文化最早的发祥地，从秦汉时的南海郡揭阳县至今，通过人口迁徙与周边地区长期的分合与集结、积累与传承，潮汕地区逐渐形成了尊师重教，注重古文化、古习俗的风气，或许因为坚守传统文化的意识根深蒂固，一些人不看好新诗，故这部新诗合集的付梓更具有超于雄辩的意义。不可回避的是，综观本合集，也有部分诗人依然跳不出故有的审美惯性，因而在诗意的拓展和题材的拓宽上创新不够，有些诗歌还是偏于仿古式的轻描淡写，看是有一个美丽的框架，却没能注入具有深邃思想和鲜活感悟的新元素，这样的作品便不会有动人的生机，像是隔着一道屏风，虽有朦胧美，但读来难免暮气沉沉，让人晕晕欲睡。那些打动人的诗歌，往往不只是美的词语或场景的堆砌，它们若没有生活的粗粝、隐忍的情感，则必有思想的刻迹，使其焕发出丰盈的魅力。当然，诗歌有任何可能性，若只是作为一种抒发情绪的文字爱好，喜欢这样的因循手法也未曾不可。但作为一个真正的诗人，还是要有作为知识分子的抱负与创新的文化自觉。

第五节

诗之锦灰堆

——读潮州当代诗歌兼谈诗意表达的统放之度

锦灰堆是古人将残破的文物古玩、书画的断简残篇等，以集珍的方式描摹于一幅画中的特殊画种，有的画也应用于陶瓷、玉石等器物上。这种创作需要画家有广博的才艺，既通晓古玩书简的形制，又擅仿真的笔墨，还要把握各种器物再现在画中的统摄纵放之度，所以能胜任者寥寥。

诗歌荟萃各种事物于一体而呈现诗意的方式正与锦灰堆相通。诗人以现实的、想象的、具象的、抽象的各种物象入诗，择取生活中的碎锦、思想的切片作为素材，使它们通达而融和地共处于其中，既单向开放又相向圆洽，从而形成一首诗的场域。而从一个诗群中挑选提供研读的代表诗人、代表作，在“潮州当代诗歌研讨会”中起主导作用的评论家陈培浩也是在为研讨会进行集锦与甄选。

一、诗群简述

当代潮州诗群拥有一方适于生长的土壤，一本刊物，一个诗歌研究中心构成了栽培诗意的园地。从2004年在水东召开的广东诗歌理论研讨会上我所看到的小开本《九月》开始，到现在脱胎换骨的《九月诗刊》，它不但没有像许多民刊一样消失在岁月中，还有了令人惊艳的进化。无论是从版型还是内容上，都往大气厚重方面蜕变。这得益于诗刊有一个创作和理论兼治的团队，也使得这份民刊撑起了这一方的诗歌景象。

《九月诗刊》是比较有前瞻性的民刊，自2009年韩山师范学院诗歌创作研究中心成立后，该刊改版并成为中心的主办刊物，改版后的《九月诗刊》仍然保留着诗人办刊的传统，在主编黄昏与副主编李彬、陈培浩的操持下，策划并出版了不同选题的一系列专号，体现了电子时代纸刊的独特优势和广阔的办刊视野。而潮州本土诗群正是以《九月诗刊》的主编黄昏和陈培浩、陈崇正、姚则强、阮雪芳、丫丫、余史炎、泽平等为主要成员，并在校园的青春土壤中培植出更多新人，成长并形成了韩山诗群，呈现了民刊与诗群互相生发推进的欣然生机。潮州籍的诗人世宾也一直对诗刊的发展和诗群的成长起着积极的作用。诗歌创作研究中心还不定期提供出版经费补贴，推出一系列诗歌作者及诗歌、诗论集，形成了良好的诗歌生态。另外，潮州文联主办的《韩江》杂志，潮州作协的“潮州作家”微信公众号也起着助力的作用。

二、诗群整体形象及个体写作特点

潮州诗群的人缘和群体写作的方向都有一定的黏合度，题材上更倾向心灵的深挖。大部分诗群成员长期在茶水滋养的日常生活和崇尚传统礼仪的平和氛围中浸染，总体上给人以雅正冲和、温柔敦厚的感觉，同时也形成各自的独特之处。以下是我对所有文本通读之后，将每个诗人较为突出的特点做一个简单的概述。

1. 创造性、辨识度与宽广度

在这批诗人中，阮雪芳、林非夜、丫丫、吴作歆、陈崇正、余史炎、范俊呈的写作视野较为广博开阔，具有开拓意识。

阮雪芳的写作具有丰富性，题材较广，指涉层面较多。她以语言的节制、情感的沉敛与诗意的深邃构成了诗歌的暗力。在本组诗中，《第三种存在》《画鸟》是雪芳最具有特点的作品，轻与重、个体与外界的穿梭互相映衬，有种一生二，二生三，三生万物的宕开之意可待寻味。《第三种存在》以自我与认知之间的区别，以及对多元存在的思考，呈现了从人性到世界的不可把控性与复杂性。在《画鸟》这首诗中，作者以不停地画乌有之鸟来映示对自由非常渴求，却又不断地落入各种桎梏之中而不能自拔。另外，我还想说的是，作为诗者与评者，我推崇的是前面的《第三种存在》《画鸟》两首；作为姐妹，我喜欢《我在这里》——所有里的“我”与只在此刻的“你”——许多女人就是用细如游丝的欢悦串起、编织、延续着令人厌倦的人世，存在于既悲怆又虚无的大爱里。而对前者的推崇是因为其有别于他人的创造性、辨识度和宽广度，对后者的喜欢是因为其引发了共情性，相对来说，后者的题材和情感并不足以引起特别的注意。当然，它们都不失其作为好诗的存在。

林非夜的诗带着一种散淡的闲定之美，她的《白鹭和我去往同一个方向》《写许多无用的小诗》等，呈现出在自我与万物之间自由潜入与逸出，与万有同在的自然性和价值观。而她的这种散淡并不是慕古、学古的遁隐，是现代人的扪心而隐，有独特的气质。

丫丫的诗中带着声音与动作所形成的活性因子，与语言的粗粝爽朗共同构成了她诗歌的冲击性。比如《灯神》与《刺》，调动了各种感官，共构了诗意的在场。《指兰为竹》的兰中见竹，柔中见节，着意于对古典意象的颠覆与重新赋义。她的抒写带着一种革新的热情。

吴作歆以同情的理解去关注他人的命运，比如《苦难》《砍柴》等，在记录与观照中建立起自处的方式，在既超脱自我，同时又融入他者的诗意打量中穿梭。也正因为葆有同情的理解，故他对万物盈枯的体会和阅读也更为细腻——“列车奔驰的气流 / 卷起一堆已经凋零的橡树叶 / 它们那么安静，那么自若 / 仿佛坠落就是永恒的上升。”（《在腊月的站台》）——带着一种善意的温存。

陈崇正则是以一种全息的视角俯瞰着一切，像是对打好腹稿的小说进行剧场推演的过程，许多诗均有一种倒叙和返场的呈现方式，这也许得益于他谋篇布局的小说手法，使诗意一步步进入人心。《白霞五句》的前两句“过去了的，我称它为白霞，白色霞光 / 看不见的霞光，它经常铺满，也经常扑空”，把过去了的，被称为“白霞”的人或事重新摆到了面前。第三句“这尘世中，我记取了一个温柔的关门远去的动作”，则为这被记取的人在记忆中的返场，并再次温柔地关门远去。末两句“我的门，一直虚掩，直至看不见的风和霞光让它闭合 / 像一朵花收拢花瓣，蚌合上嘴巴，上帝摘走魂命”，则是一个反刍和注脚，“我”的心门一直是虚掩的，“白霞”在其间一次次

“像一朵花收拢花瓣，蚌合上嘴巴，上帝摘走魂命”，说是过去了的，却一直在场；看似超然的俯瞰，却“摘走魂命”地揪住了“我”和读者的心。

余史炎具有把乡村与城市的经验及意象共冶于一诗的特点，传统的根脉与现代的枝叶相生相倚，“笑着的老屋、池塘／迎面的风和鸟声，以及内心小小的门／那么多，酒杯装不下或长或短的爱／这些如陈列于灯光下的商品／这些没有定价的春的泛滥与秋的淡／我拿什么回到真实的城，繁华的街上”（《刑罚》）；他在出生地与别处之间来回丈量生命的景深——“一切不完整的灵魂必须依托肉体辗转他乡／时间是虚拟的，那里也随着我的苍老存在／巷口是个很美的名字，命书上的重逢／你必须在泪眼烘干之后用尽瘦弱的一生等待”（《巷口》）——以诗写辩证人性的光明与黑暗，以述正回到生命的根本，以爱在残缺的世界中寻觅、唤醒美好灵魂。

范俊呈作为本次诗人代表中最年轻的“90后”，文本的整体成熟度预示着其良好的发展态势。他的表达细腻娴熟，自由出入于天地人间、物理空间与意识空间，字里行间带着超出其年龄所应有的更深刻的生命痛感。“这些年在人间埋首存活／走长长的路，去见坟头的枯草／我的乳名啊／为什么再没有人喊过”（《长明灯》）；“布鞋里容得下多少土，就有多少／世间的踟蹰”（《秋天在上》），许多诗句既出乎意料又如其所是的自如，仿佛深谙古老智慧的灵性慈悲。“南腔北调声声入耳，找不到一种言语／使你安适，呼唤如同谶语／铁轨两行，无尽的远方，无数的人／你坐在速度上，想让时光停一停”，这首

《平行法则》和《局外人手记》等，敞现出其观大局而不虚骄作态，心怀天地而保存敬畏的泰然自若。

2. 古典之趣、自然之乐

古典意趣的退居避世、林泉高致、田园山水之乐常为诗人词家所钟爱，草叔、洪健生、泽平、翁义彬、姚则强较偏向于此类意趣。

草叔对古典和农业文明的意象情有独钟，读他的诗，就像沉浸在过去的时光里，正如其诗所言："在诗的世界里，一生都是童年"（《遇见你，我以为是遇见自己的童年》）。

洪健生的诗写具有天马行空的率性，像电影的蒙太奇，一帧帧画面，被嫁接在一起。比如《海棠路的海棠》中，台风"海棠"、岛屿、街道、海棠花、朱泥（应是指以朱泥烧制的潮州手拉茶壶，壶体纤巧薄细，故有壶中美人之名），各种物象掺揉于一炉，朱泥手拉壶作为本土事物入诗，是一个鲜活的选择。需要注意的是，诗意推进的跨跳度过大则容易产生阅读的阻断感，并造成主题的涣散。相对而言，《她带着教堂的气息》这首诗处理得较好，末节与前面具有"治愈"的共性。

泽平是气定神闲的叙述者，他把所见所遇所思以诗语描画记录下来，诗中充盈着林泉河海的润泽之气。"而我，想伸出枝条 / 把这僵硬世界轻轻覆盖 / 雨水落下来：写满时间"（《欢愉的山雀》），他通过轻柔的笔触，给"僵硬世界"以温存的宽慰。

"我越来越喜欢 / 在一盏灯下 / 栖息，尘埃落定"（《尘埃落定》），读翁义彬的诗，常遇禅意，灯光在其诗中为最常出现的元素，既有青灯的处静之意，也有光源的照亮之义，他试图在观世与静悟之中，让自己禅定为一首通透的诗歌。“今夜，我才发现／这个世界上／有很多的事物与我相依为命／譬如这棵树，这盏灯／我如今爱得要死的‘怀素’大哥”（《相依为命》），可见其诗中“怀素”既为唐代僧门中的“草圣”怀素，也指诗人崇尚的素怀荡襟。

“烟在手中飘起／灰烬跌落／烟中的远山更白更远／他说那里有他的家”（《白色上的白》）。姚则强的诗让人看到一个走读于辽阔大地的歌者形象，他沿途勾勒风物、素描人情，有种边走边唱、流水行云的歌吟之韵。

3. 向内的发掘与对自我的完成

黄昏、张扬、庄丽如、林立升的诗写相对来说更倾向于内心的自我发掘与精神境界的自我完成。

黄昏善于在短焦与长焦的视角变换中，呈现人在万物、在生活中的不同侧面。《候鸟》展现出现代人频繁迁徙的候鸟式生活，想飞而没有翅膀和虽落脚却不能安心，发出对只能不断在路上寻找与失去的慨叹。有《一个人》中匿身于一体的一群人；有一群人的不同思想、情志由一个人所表露。为自己活着和为别人而活，在诗中呈现出悖论性的统一。

张扬的诗多数是一段心境的呈现，或一幅生活的即景，他的诗就像他为自己画的一幅幅简约小品画，同时把自己也浸入画中——“用防腐木搭建一个窗框／每天坐进画中／山与心在远方呢喃”（《书吧旅途》）——徜徉于心灵的栖息地。另外，《装修自己》是其中表达方式较特别的一首。《交易》则是一首寻求突破的尝试，略嫌晦涩。

庄丽如的诗有着童话的基调，她以发现美的眼光去打量一切，“外面的阳光这么好 / 一个人怎么能说走了就没了呢 / 父亲那些田野里的生命都在阳光下 / 很安详，它们像我 / 被父亲照顾得很健康 / 风雨能摧毁的一切 / 却摧毁不了这小小的微笑”（《一个人的早晨》）；她用诗为自己构建一所房子，画一片永不掉落的叶子——“我有一片绿色的叶 / 不管白云苍狗 / 安在窗前”（《我有一所房子》）——让生活充满希望与活力。

林立升的这组诗都有相近的写作手法，像是故意给诗意蒙上一层暧昧不明的雾障，或是顾自玩着动物追尾巴的游戏，意象与意象互相纠缠又互相避让着，如八卦图的阴阳鱼，互相追逐着又永远分据两极。“石头与石头碰在一起的是皮肤 / 风一阵接一阵，挨在一起的是次序 / 眼里的鱼和水里的鱼连在一起的是光波……我们之间发生触碰的是 / 从喉咙声带出发的声波 / 和心跳的声波 / 而从眼里发出的像有些不明晰 / 似乎在互相避让 / 可假使互相正对着 / 不明晰的事物依然没有显现”，宛如恋爱初期的欲拒还迎，关系的晦暗未明，他的这首《隔》就是他诗歌风格的恰切诠释。

三、诗写的统摄与纵放之度

援引锦灰堆这种高难度的画种来拟读诗歌写作，不只是因为本次潮州诗群采用群体集结研讨的形式，也是对作为潮州当代诗歌代表诗人的作品寄予更高的要求。当然，耽于自娱自乐式的写作对于个人来说，作为生活方式未尝不可，但在这里仍以专业性的讨论为主。本次所读到的诗群文本，部分具有视野开阔所带来的现代性和开拓性，也有部分相对较守旧、平淡，尚有少部分在语言上较粗糙，建议拓宽视野，在题材上可以尝试更多探索，在内在张力的把控上和语言上追求更加精妙的表述，使诗歌具有更加宽广的维度与力量。

而在一首诗内部如何达至更高品质，在于其表述的恰到好处，也即适度。以写海棠为例，李清照的《如梦令·昨夜雨疏风骤》写了风雨之后的海棠，“昨夜雨疏风骤，浓睡不消残酒。试问卷帘人，却道海棠依旧。知否，知否？应是绿肥红瘦”。词中所写到的雨虽小，但劲风却可能吹落许多海棠花，所以，即便卷帘的侍者告诉她“海棠依旧”，但她心里是明了当有落花无数的。这里的“应是绿肥红瘦”是伤春感时，也是风雨后的应有之景。此阕词虽时间跨度大，从昨夜到今天，从风雨、醉酒，写到怜花、怀人（“知否”的发问，除了自问自答，更应含有对所怀之人的发问），却水到渠成，形成一个浑然一体的，由内在情绪所统摄的诗境。

洪健生所写的《海棠路的海棠》——“‘海棠’解除／海棠路的海棠／从远触碰到近礁的无人区//从无人区的岛屿／触碰到岛屿更具体的神经／窗外的飓风触碰到窗内的礁石／窗外的风触碰到窗户的雨//鲜嫩的朱泥却／烧不出秋海棠的美人肩”——由名为海棠的台风解除后衍生而来，也写了风雨后无所不在的“海棠”痕迹，一、二节都为强风疾雨肆虐后的境况，末节转折而为手拉壶制作，这可以理解为制壶者的心境或环境也随台风而发生转变。由海棠而延伸出去的枝条可以有很多，比如该诗中所联想到的各种物象，甚至可以延伸到苏轼的“一树梨花压海棠”等，但是如何将这些枝条统摄于一个主题之下，唯有串起其共性才能凝聚为谐调主体而触动人。这首《海棠路的海棠》如果末节的转折不纵放过急，有足够的铺陈，或者在内在情绪上与前面有勾连或呼应，将会更具可读性。

比如前面阮雪芳的《第三种存在》——“我到来，另一个我离去／我说话，另一个我沉默／我看着你，另一个我在你的位置上看我／我睡去，另一个我醒来／我对世界说，是的，另一个我说，不，不／我上升，另一个我无限地坠落／我加油门，另一个踩下刹车／我出生，另一个我变成石头／我开门，把一棵树请进来／另一个我取出斧子／我对着镜子穿衣，另一个我解开纽扣／我点灯，另一个我消融入黑暗／我参悟，另一个我绝望//介于两者之间／世界讲述着／失衡的第三种”——诗的末节也是一个转折，但它没有突兀之感，因为末节的内容与前面的内容有一种内在的呼应。

苏轼一首也写到海棠的《戏张先》，就是以事物的共性为串联因素的例子。“十八新娘八十郎，苍苍白发对红妆。鸳鸯被里成双夜，一树梨花压海棠。”这首调侃调子的诗，戏而有格，令人读之不禁莞尔。其中老夫少妾所具有的白发、红妆与白梨花、红海棠因其自然属性与相通的共性而相映成趣。

要让诗歌读起来不会产生折断感，需要有一定的铺陈或统摄，当然并不是说写诗要充塞过多的材料，而是在于统摄之功夫。如果没有内在情绪或共性勾连的统摄之线，则必须有搭桥式的语句铺陈。不管表达方式是繁复还是简约，若统和放拿捏有度，便不会因为枝叶繁茂而杂乱，也不会因置空留白而断节，从而成就一幅圆融整一的诗歌锦灰堆。

第六章

在神圣与凡俗之间

第一节
不因时间而湮灭的人间真情

不知缘于何时，仓央嘉措这个名字与他的诗歌便铺天盖地而来，歌手谭晶演唱的《在那东山顶上》以其缥缈悠扬的乐曲与朴素优美的唱词“占领”了无数人的心，仓央嘉措的诗不但被众多歌手用于歌唱，也被引用于电影上，而在网络上更是无处不在地被引用、被传播，俨然已成为一个时尚的标志。仓央嘉措是一个什么样的人？他的诗歌为何会如此广泛地流传？

《仓央嘉措诗歌地理》（藏语汉译：龙仁青）一书为我们打开了通向这个谜的途径。仓央嘉措从一个信奉宁玛教的乡野少年突然被指认为“代表西藏最高统治阶级意志的达赖喇嘛的转世活佛，自己的精神和生命都已经交付于佛法，交付于子民”的六世达赖喇嘛，并因此而走上了他那无法自控的坎坷人生路。命运总是要落到肩上，才被赫然看见。这个十五岁的少年从他一开始被指认为活佛时，便注定了将成为摄政王第斯·桑结嘉措与拉藏汗权力斗争牺牲品的命运。作为桑结嘉措的政治傀儡，他无法在身处布达拉宫的将近十年的时间内施展自身作为活佛的抱负；而政敌拉藏汗又把他作为必须推翻的政治目标，处心积虑要把他拉下活佛的宝座。

在内外交煎而又无力改变现状的情况下，才情兼备的仓央嘉措找到了一个抒怀言志的路径，诗歌成为他放纵心灵的方式，他以诗与心中的姑娘恋爱，以诗对抗政治斗争所带来的压抑。而在本性上，活泼多情的少年情怀与庄严无欲的活佛戒律，形成了强烈的冲突，这是情与理的冲突，正如其诗所言："若随了姑娘的心愿，此生就断了佛缘；若去那寂静的山野，又违了姑娘的心愿。"少年的仓央嘉措虽心中向佛，却又难抑情感的喷薄欲出，更未能如宋朝郭印所说的——"情窦欲开先自窒，心田已净弗须锄。"——将情感自我扼控于萌芽的阶段。

"默想的上师尊面，没有出现在心间。未想的姑娘面容，栩栩浮现在心田。"这首诗正反映出他充满矛盾的内心挣扎。一个人的诗歌要达到家喻户晓不但要有文本上的明晰晓畅，音律上的朗朗上口，还要有能引起共鸣、触动人心的精神内核，而仓央嘉措所抒写的爱情正是这样一个亘古常新的主题。

命运无常、生死难料，不因时间的漫长而湮灭的正是人间真情。在仓央嘉措圆寂的青海湖边，教众仍年年择吉祭海，以表敬仰和虔诚之心。仓央嘉措之所以能在人们心中永生，正因为他并非只有作为活佛的神圣一面，也有和世俗人一样的对爱情的渴望与向往，这样一个有血有肉的形象更容易进入普罗大众的心。他是一个处于世俗与神的中间地带的人，既不入红尘中，使近之则逊，又不至于太遥不可及，令皈依无凭。而诗歌的艺术感染力和情感真挚的魅力正是沟通他与大众之间的纽带——能爱心中的人，才能进而爱芸芸众生。

而仓央嘉措在青海湖失踪后重新出现在内蒙古的阿拉善这个传说，无疑更合乎广大民众的美好愿望，他在教众中永生，在美好的传说与诗歌长河中永生。在阿拉善的他因为历经劫难、世事洞明，因而更能超脱于界外，“一心为教法众生谋利”，呈现了他作为一个普度众生的活佛那更为广阔无边的爱。

第二节
致命游戏

“生活是如此重要的一件事，以至不能严肃地谈论它。”（王尔德《维拉，或虚无主义者们》）看到这句子的第一眼，我就被深深打动了，并想到把“活”字替换为“命”——生命是如此重要的一件事，以至不能严肃地谈论它。

人命关天，生命本是多么严肃的事，但如果一本正经地对一个风华正茂，没经历过生死考验的青少年谈论生命、谈论死，他会认为那是一件很遥远的事，根本就不会严肃对待，甚至还会感到可笑。那么，我们就用与严肃相反的方式——游戏来展开吧。

格鲁吉亚著名导演杰拉·巴布鲁阿尼编导的《13》，正是用一个游戏的方式，通过将生命押上赌台的荒诞演绎而达到了让任何人都触目惊心的震撼。这是个由13个人拿生命博取巨额钱财的赌局，无论这13个参与“杀人游戏”者出于什么样的初衷，不管他愿不愿意、敢不敢杀人，到了这里，他就只能遵守游戏规则，成为只能前进，不能后退的卒子。在这个13只“棋子”围成的圆中，每一只“棋子”都只能祈祷自己手中的左轮手枪中那颗子弹能首先击中前面的脑壳，而自己后面的那个人的脑壳能早于自己开花。生命在这里已经变得微不足道，只是一个毫不起眼的筹码。当第一轮的人纷纷倒下，幸存的那些已近乎麻木、疯狂的人继续进行下一轮的枪决，直至剩下最后一个，或者一个都不剩。

杰拉·巴布鲁阿尼本人正是在战争中长大的，他经历了对生命的消逝从最初的不能接受，到后来渐渐习惯的过程。他意识到一个习惯死亡的世界是多么恐怖的世界。这，正是他拍这部电影的动机。

从这部电影所设计的荒诞游戏中，我们也可以看到人类社会的残酷，人在各种各样的游戏规则中剥夺和被剥夺，图利和为利所图，最重要的生命却轻易消失了，钱财和欲望反而成了胜利者，它永远都在那里运转，像时间一样永不灭亡。这是多么令人惊悚的揭示啊。

而人类社会的恶——战争——这只巨手所导演的，正是另外一种真实的“杀人游戏”。不管战士属于哪个国家，不管他们是侵入的一方还是守卫的一方，他们遭遇到了，就必定要有一方轰然倒下。诗人眼中的战争，则比平常人眼中的胜负之义更为深远，更贴近生命的存在本质。对于亲临1987年对越自卫反击战前线的诗人，他看到的是敌方与“我”都是青春勃发的生命，新鲜如刚冒出泥土的小草。对方甚至“如我。那人眼睛漆黑鼻梁挺拔／一张英俊的脸，就像八月熟透的葵盘／也如我。那个皮肤……还如我//我是沿着标尺、准星和他那颗头颅／这射击要领中的三点一线／看见他的；我甚至看见了他上下滑动的喉结／看见了他薄薄的嘴唇上一根一根／纤纤的绒毛”（刘立云《服从》），可是两个“我”却不得不因为共同的规则与不同的立场而结束掉另一个“我”。生命就像蓝天下灿烂绽放的花朵，那么的美丽自由，却不得不在战争这样的恶毒游戏中化为灰烬。

美伊战争自2003年3月爆发以后，又有几多鲜活的生命随之断丧？！那场旷日持久的战争给伊拉克人民带来的除了心灵的重大创伤，还有一系列诸如能源、经济、教育等方面的毁灭性的伤害。能源的销毁不单是一个国家的损失，同时也是全世界的损失。而作为入侵方的美国士兵，也同样面临着与亲人生离死别的境况。如果我们站在全人类的立场上，撇开伦理道德上的国家荣誉与集体利益，而从人类的自由平等与自然界的融合共生上来透视，我们将省悟到和平的美好和重要。同时，我们也可以从这些电影和诗歌中得到这样的警醒：不时从模式化的生活中把自己抽离出来，看看身边的事物，身边的人；望望远处的风景，远处的人。并请停下来听听一个热爱生命的士兵的心声，“四月不来七月不来，那你就 / 永远也不要再来 / 那时请你去读我的诗歌 / 读我的诗歌你会再一次战栗 / 并被我的激情所淹没 / 以至懊悔：那个我错失的士兵 / 原来是个很不错的男人”（刘立云《墓志铭》），而不是等到只能对着墓碑，“用香烛和火焰 / 做着最庄严的游戏”。这样的游戏，一点也不好玩。但在2022年，我们以为已成为地球村的文明世界有足够的智慧化解矛盾，不可能发生热战时，它又在俄罗斯与乌克兰之间爆发了，并引起国际社会的震荡，各国民众反战之声与游行持续不断。而全世界面对大大小小屏幕的人们，目睹战场上的狼藉实况而无能为力，成了残忍的一部分。

第三节
灵魂孤旅

在以往的阅读中，经常能够体会到，介入时代生活的知识分子情怀与担当精神是俄国诗人的精神传统，他们的诗常有批判与忧患意识贯穿，同时又具有辽阔的人民性、大地情怀与自然背景。

英娜·丽斯年斯卡娅在2003年的访谈《我尊重戒律，逃避规则》中说："首先让我感到不安的是大多数人民的贫困，富人与穷人之间的巨大差距和整个社会信仰的迷失。"[1]这里的信仰迷失，并不是单纯指宗教信仰，而更指向于社会价值取向的缺失。正如作家艾云所说的，"受伤与疼痛感，使俄罗斯知识分子天生怀有宗教情怀。他们不是具体地相信一个神，而是借助于基督的精神气质去实施改造社会的理想"[2]。英娜的思想与文本都充分显示出她介入生活的知识分子气质与担当精神，而她的一生也是充满苦难与痛感的一生，她在精神与际遇上都接续着俄罗斯"斯多葛主义"苦修式的精神传统。

在英娜的诗歌中，常见其与先贤神交的描绘："他们在深夜注视着我的眼睛，／好像是在照镜子，／那全是孤独者的目光——／我可不要睡死过去！"（《我小心将门扉紧闭……》，1966年）这是一种穿越时空与同类的会晤。而悲悯的知识分子传统也使诗人自觉地站在了弱者的一边，“于是我选择了忧伤的朋友／和无忧无虑的敌人”（《上帝审判了我，上帝宽恕了我……》，1966年）。

语言在常人那里，只是沟通的工具，而在诗人这里，却是借以挖掘灵魂深度及见证时代风云的介质。“我终于洞悉了语言，／看清了它的实质：它的肉体和灵魂，／我终于准备好／把这些话大声地说出。//然而，那些荒唐可笑的年代／对我干了自己想干的一切，——／越是深入了解大自然的本质，／我们越是害怕表达。”（《我终于洞悉了语言……》，1966年）诗人在诗歌上节说出了语言的本质是对所看到的、了解到的社会现象和事物的真实呈现，并准备说出这些真相。而下一节则表达了言说的无力感与内心的挣扎，因为这些荒唐的事件和现实情况过于声势浩大，乃至大自然都无法呈现其真理性的约束规律，一任荒唐的漫延。在这一点上，真理呈现出作为现实中的弱势方的境况，因为真理总是掌握在少数人的手中，因而这个力量相对于社会和国家机器也是单薄的。诗人在另一首诗中对这一领悟做了一个强调——“请等待来自弱者的庇护，／而来自强者的不要希冀。……洞察一切，／一切真理都很平常”（《没有甜蜜的忘却……》，1967年）。

正因为对世事的洞察与自我的担当精神，诗人的心灵不得不常处于内外兼具的压力之中。从《连衣裙》中可以看到，诗人可以卸下外在的负累，却卸不下内心的重负，唯一己之力，却挂念着自身之外的他者——“在半明半暗的房间里，／当陌生的面孔昏昏欲睡／轻轻触及我的脸庞，／它成了对我的一种折磨”（《连衣裙》，1968

年）。虽然力量薄弱，但诗人并没有因为处境的艰难而失去内心的坚定——“如今，除了深夜里发黄的叶子／没有牢不可破的同盟。//每一片叶子，就像单独的词语，／在阴云密布的高空飞快旋转。／我准备变成白桦树的枝条，／只是我不会有它那样的仁慈。”（《一个晚上白桦树就变黄了……》，1969年）——而是高扬起言说的枝条，以示鞭挞丑恶的决心。

内心的清醒是英娜能够坚持独立人格的根本，她对所看到的、经历的事物都保持着存疑的态度，“老党员从被窝里摔出／《真理报》——都是令人厌烦的胡扯……／我觉得很好，我还不知道／是信仰它，还是盼着它倒掉”（《人们把土豆、猪油拖向市场……》，1969年）。这样的诗，让人想起奥威尔的《1984》，小说里的《真理报》也是一份让人不知道“是信仰它，还是盼着它倒掉”的宣传品。她知道保持正直之心所付出的代价与得到的将会是什么——“而我会得到／孤独的馈赠，／它干涩，激烈，／如同大海里的火焰”（《孤独的馈赠》，1970年）；“我已把自己献身为人质，／从吸气到呼气！”（《人质》，1973年）——而她的“仗义退会”[3]行动更是对这种独立精神的践行。

英娜在题为“我总是不合时宜”的访谈录中说到“唯有诗歌能暗示社会在发生怎样的变化”，同时还说“诗歌给人以慰藉，使人变得高尚，给人以活下去的力量”（2003年）。不论处于苏联解体前，还是解体后，诗人的思想始终绷着一根发条，那是一根警惕历史重演的正义之弦——“我无论如何都不会说官方新话。／我多希望能够理解后代，但是，哎，／我不能跳得／比我的头脑还高。而干枯的薄荷气息／要比荣誉和人们的议论显得甜蜜。”（《无名之词》，2007年）“时间的此呼彼应／通告我们，／历史有一种习惯，／储存过去，以备不时之需……而我，是闹钟的奴隶，／害怕时间的重复”（《闹钟》，2010年），这种紧绷所致的“我又不能入睡了”之焦虑正是诗人对当前社会不可理解的事物的焦虑。

当然，英娜不但有其刚性的一面，也有柔软的情怀，作为长期写作的成熟诗人，自有其题材上、感受上的丰富性，只是具有知识分子担当精神的部分成为她较为显性的诗，故其他主题的诗自然退而为其次。而从这些显性诗歌中，已经能看到英娜抒情性和思想性兼长，并能很好地糅合它们于一体，不着痕迹地表达诗思的技能。

在晚年，英娜的诗更为澄明自由，有一种清风徐来的美感。“老年在增长——人在肉体中缩小。／一月月，一周周，屈指可数，／一天一天，寥寥无几，／事实上，只剩下了我和她／面对面，形影相依。……我不是鬼蜮，也不是苦行的修女。／我从深处擦净灵魂。／我贪婪地活过——毫不犹豫中断了所有联系，／我糊涂地活过。可是你看，现在一切恢复正常：／对于我——你是唯一。”（《老年在增长——人在肉体中缩小……》，2008年）这里的“她”既是老年，也是灵魂，诗人在这首诗中进行自我设问与回答，最后一句的“你是唯一”既是一种回归生命本源之“本我”的简单，也是作为一个抛去诗人身份的庸常女人对天国的爱人的系念。

英娜的诗歌是孤独开出的花，是照亮英娜灵魂孤旅的火花，让她得以穿透时空，与在“深夜注视着我的眼睛”的“孤独者的目光”相遇，从这一层面来说，诗人又是不孤独的，她在与阿赫玛托娃、茨维塔耶娃等前辈的神交与对诗学精神的求索中汲取着前行的力量，并成为其中的一员，耀眼于历史的天空。

而在后辈的诗作中，我们同样能体会到这种担当精神的传承与召唤。在2018年第二届中俄青年作家论坛作品集中，翻译家郑体武教授翻译的伊丽莎白·马尔蒂诺娃、安东·梅杰尔尼科夫、格里高利·舒瓦洛夫的诗，也能让人体会到其介入与担当的精神传统。

马尔蒂诺娃以意象与自白交互推进的方式展开她的精神轨迹，“这是谁的基因在我体内说话，/不容置疑地召唤我浪迹俄罗斯，/去荒凉的草原，看野地的落叶”（《这是谁的基因在我体内说话》），“谁就着夜间的泪水/啜饮这沉重的甜浆，/谁就会永远自由”（《黑色天空的粘稠蜂蜜》）。舒瓦洛夫则以具象与抽象共融的呈现方式揭开生活的本质，达成了器对道的承载，“可疑时代那晚来的毒药/尚未殃及到我的青春。/愿望之火还在胸中燃烧……我很幸运不久前还身处这柳林，/如今却用无谓的眼光看取他们”（《我还算走运……》）。

“我们各有其声，就像风中/燃烧和星散的火炬。/在通向世界篝火的路上，/它们用松脂之泪把我们悼祭，/我们的喉咙会迸发出同一旋律/这喉咙数以百计、千计。/我们已经不会死去。/即便死去——还会复活。/这就是我要说的。”（《我们各有其声……》）梅杰尔尼科夫此诗既有题中之义，又具有言外之意，形成了比字面更为宽阔的外延，“我们各有其声”地走“在通向世界篝火的路上”。高尔基《海燕》中的那句“让暴风雨来得更猛烈些吧”在中国人的日常生活中可说是被应用最多的，也正是因为它所形成的个性氛围和多重意味，才使其在不同的场景能够引申出不同的意义。梅杰尔尼科夫深谙此道。

注释

［1］［俄］英娜·丽斯年斯卡娅：《孤独的馈赠》，黄礼孩主编，晴朗李寒译，太原：北岳文艺出版社，2015年，第187页注释。

［2］艾云：《逃离幸福——俄罗斯知识分子的精神气质及命运》，《寻找失踪者》，桂林：广西师范大学出版社，2013年，第153页。

［3］英娜因为参与了地下文学丛刊《大都会》及为抗议苏联作协开除两名年轻同仁而退出苏联作协的事件，受苏联当局封杀，剥除了她在国内发表、出版作品与享受作家待遇的权利。

第四节

敛息倾听万物之声

静水流深是舒丹丹的诗给我留下的印象。她的叙述节制，情感深沉，表面盈盈一池春水的一派静谧景象。就像我们日常生活中熟视无睹的景物般——“春天里站在窗口的这棵树，秋天时，还在。/整整一个夏天，没有走远，也没有靠近。”——静静地待在它们的位置上。但无论是什么物质，它的内部无时不在运动着，并如物质不灭定律所说的那样存在着，“有月亮的洁净的晚上，能看见星星。/但在黑夜，或阴沉的白昼，星星们也在”，只是有的肉眼可辨，有的不可辨。然而除了眼睛，我们还有另一只眼——心眼。由于诗人葆持着一颗诗心，故能用心感应细小生命的存在——“早起听到鸟鸣，知道鸟儿藏在木兰枝里。/但这些下雨的清晨，鸟儿们和木兰一样安静，它们飞去了哪里？”——并怜惜、牵挂它们的安危。

《安静时就能听见它们》这首诗以隐匿在事物后面的“我”从“无知”到“有知”的推进方式展开叙述。在循序渐进的铺陈过程中，诗人以“原谅我……”这种看似突兀的方式出场，用这种惊醒般的转折来表达顿悟，反省从前的“我”那种麻木无闻的状态，起到了强调的效果，而人正是因为“有知”才能达到反省自我的境界。接下来的忏悔式剖析道出了麻木的外因与内心的负疚，体现了“有知”的诗人与万物感同身受的通感，同时也反映了众生平等，休戚与共的神性情怀。“垂头敛声，隐忍得像群苦行僧。”这个结句则点明了静水深处的那股激流——“无法动弹悲欣交缠”的根源，其中该有多复杂的内涵和忍耐。整首诗也因其含蓄的情绪而获得了更强大的张力。

诗人以这首诗向我们展开了一个人修心养性的心路历程，我们只有静下来，敛息倾听，才能感知万物的声息与脉动，并从中得到启示，获得在人生的暴风雨中“从不闪躲”的力量与智慧。

第五节
爱与神恩

如果说人有一种能够与神相近的特性，那就是爱。爱，没有空间阻隔，没有时间局限，当你拥有爱的智慧和慈悲，它就流淌在我们的血液中，在每一瞬息的悲欢起念中，慰藉自我也慰藉他人。

施施然的《新年问候》便是感受到爱与神恩的沐泽，“室内，我养的兰花……窗外有人在放鞭炮……如此心急的快乐／多像1976年的你和我……现在我爱我的孩子／如同你当年爱我”。作者以绘画的透视笔触从室内的画面至室外的景象，再过渡到小时候的场景，展开一幅幅流动的时空画面，最后又回流到当下。诗思在层层推进中获得了移步换景的镜头感，宛若步步莲花般的生发敞开。从中可见诗人将从父辈那里所感受到的爱回向，并吐哺于下一代的绻绻情深。“雪落在雪上”是当前的雪，也是当年的雪；是当前的爱，也是当年的爱；是现实的雪，也是意念的雪。正如郑板桥的《咏雪》诗所营造的浑然场景，这首诗构筑了一个被雪（爱）所笼罩的浓郁氛围。生命的生生不息，亲情的代代衍续，像雪循环降落在新年这个念旧迎新的节点上。而《观世音菩萨普门品》在诗中的出现，则让这份爱的涵蕴更为广博。

《金刚经》中有言，“一切诸相，即是非相”，即我们看到的所有，并不是真正的实相。肉眼所见的有限性，往往被有意或无意粉饰过的浮虚表象所蒙蔽，唯有通过博识与广视综合而成，达成具有透视功力的辩证眼光，才能较为抵近完整的现实本质。“他们从世界各地聚集到地下……洞穴的空旷此时被填满 / 灯光。琴声。节奏密集的鼓点 / 荷尔蒙从白色的黄色的黑色的肉体上 / 散发出一圈儿磷光……我看见无数的穷人和苦修者 / 看见乞丐，性奴，童工，和塌陷”（《土耳其之夜》）。此诗截取了一个现在进行时的场景——来自世界各地、各种肤色的人聚集于土耳其的一处地下娱乐场，声、色、光、影杂糅于其间——“正在其中”的诗人用鲜活的现场感把读者“你”拽入其间，营造出一种缺席的在场感。而场面上的繁荣与欢愉是否为表里如一的体现？诗人在这里展开了内视的纵深追问与思考，诗人的心灵视角随之展开，灾、伤、苦、痛在一些躲闪的眼神里被读出。这既是一个旅行者试图对一个地方所进行的深入探解，也是一个诗者对一切世相的通约性灵视。

对于在意的人或事，人们往往会陷入长期的执念中难以自拔，需要通过外来的触动而达到点化开悟，乃至豁然开朗。而这种触动往往是可遇而不可求的，是执念到了临界点，必须得到释放的时机，故而这种突至的点拨便附着了神秘与神启的色彩。《祷告声打开天堂的缝隙》是一首由无形的声线所串联起来的诗，它的出现完成了作者一段超验式的心路历程与对灵魂的净化。首节从设问起句，“你可曾见过金色的声音？”引出人物、地点、景物——

无边的沙漠、驼队、阿拉伯的风，铺开了埃及式的异域景象。埃及人信仰伊斯兰教，故每天五次的祷告声是每一个身临其境的人均会不期而遇的现象，沉睡中的作者便是在清晨的祷告声中脱梦而醒来。这样的起句相对于平铺直叙，更具有让人快速进入诗境的效果。而祷告声作为神降临的序曲，为作者打开了心结与心门，使每次回想起逝去的母亲时的“灵魂的痛”此刻得以修补与安抚，并从而得到升华。诗的尾节再次回到“金色的声音”，题目的“祷告”即是“金色声音”的现形，祷告声之所以被赋予了金子的颜色，既是因为它对施施然来说无比金贵，同时也与沙漠的颜色相契合；而在祷告声中显影的母亲，则是主题——夙愿圆满，梦里常见的“病中的母亲”已超脱为天堂里悠扬的祷告声和白光围绕着的“祥和的母亲”，而带着欢颜的母亲将跨越时空，时刻与作者同在。

通过诗写，这种灵魂安详的境界得以再次强化和巩固。这是一首诗，更是一份深沉的爱与神恩。缘此，是否可窥见诗歌与宗教的殊途同归。

第六节

东方智慧的运化之功

——超凡入圣

“魏晋风度”的缔造者竹林七贤，在动荡的时代（魏理宗的“正始”时期）进入竹林，自成一统，是相对于求官晋爵、追名逐利等世俗成功学来说的消极自由，但这种功名上的后退，却是个体生活情趣与生命价值得以发展的积极追求。这个竹林既是地理空间，也是精神空间，他们在其中洒脱超逸，于有限的自由中寻求最大化的自由。他们传达出来的独立精神和自由思想为后世后人所传承称道。

当我看到“终南七子”这个诗群名称，脑海中自然浮现的是竹林七贤的意境。他们的命名是否有师法的寄意，原本我是希望得到解答，后转念一想，也无须深究，或许由文本去追索精神线索是一个更客观的途径。从《特区文学》诗刊2021年第12期读到由冯景亭、宝蘭、三色堇、杨廷成、路军锋、大枪、远村所组成的诗群“终南七子”的诗，便感触到各成员之间有一个隐在的精神之索，这并非平常所看到的某些诗群所容易形成的同质化文本，而是一种人性之光的潜隐。

“终南七子”中，我与宝蘭见面及交流相对较多，和她相处总是融洽自在，她总让人感受到她的真诚与和善。

这是由一种礼佛而趋向佛性，及至自然性的圆融，一如我们通常所说的返璞归真。而他们所推举的“老大”冯景亭，我虽未曾谋面，却已能感知其为人处世的简洁自如之风，甚好！作为一位园林建筑师，将胸中山水落到实处，一石一树皆力求精准落地，由景观而至理想境地，是为造境。这种心灵与现实的共同营造，使诗意栖居成为可能。冯景亭在诗群作品后面的按语，或可视为诗群的宣言：“生活是生命自身运动的状态和结果。而诗不是，诗是通过诗人的创造而呈现。它一直都存在。因此，我们将在生活的最无诗意处，挖掘！”

平淡生活的司空见惯令人感觉迟钝，而正是因为这流水般的平常，包含着最为朴拙的侘寂之美。这美，在具有诗心的人眼中浮现——“一切收拾妥当 / 她在墙边的榻榻米床沿 / 跪下来，送我 / 就像迎接 / 刚刚从乡下回来的儿子”（冯景亭《卖古董的老妇人》）。从感受一个日本妇女对日常仪式的持守，以及其行为所折射出来的敬业，到跃升至心目中母亲角色的高度。诗人分明从老妇人身上看到了母亲们的形象与共性——朴素的自然状态与自洽的平静。对普通日常的持守是一种平凡的高贵，这是维系一个家的根基，也是超出小我的人性之光。冯景亭着力于对平凡事物的审美聚焦，使心灵进入出神状态，像《卖古董的老妇人》中平凡的高贵；《通道里的影子》中静物的愤怒；《黄河入海流》中纤细的冲撞，让诗意在结尾处赋能，从而趋向神性的跃升，事物便因而有了超凡的神圣性。日本的侘寂文化与社会现代化并行不悖，当在于其涵纳各方文明，化为己用，而又笃守朴素精神之功。冯景亭深得其味。

人的视野越拓宽就越感知到个体的卑微，没有清醒认知的人很容易成为萨特所说的“他人即地狱”中的成员，被摆布也摆布他人。而有觉悟的人更懂得善待他人，对现实有所妥协，也有所持守。“终南七子”诗群有一个显现的特征是——他们试图在小群体内先行形成共同的愿景。通过共同出行，共同诗写与探索交流，构建美好的人性之境——他者即天堂。

心智成熟的人往往更懂得天真的可爱，并不断试图回归。在自律与反思中，保持对外在于自己的所有自然物的敬意，净化心灵和付出爱，“我们的到来／增加了这座山的重量／七位诗人，无意间看见／雪，落在万物的根部／而阳光选择性遗忘了一些角落”（宝蘭《隐雪终南山》），“我没有给自己留退出的路／只想让灵魂在与你的亲近中净化”（宝蘭《向阳寨的小院》），从而实现对美好人性之境的抵达。女诗人以一次盘腿回溯的心灵洗礼——“一粒基因突变的种子带着禅性／瞬间蹿成高过牌坊的浓荫／闯开了那一和一世的门”（宝蘭的《梦回周庄》）——参悟“多少人赶来重复与前人相同的悲欢”的共同命运，呈现女性挣脱“牌坊”枷锁，“用醒来的灵魂”（三色堇《这苍茫的人世》），以“女我”的主体闯出新天地的自由。并在“抚慰过往”中，重新回归天真的自然性，“我只想享受这份宁静／像一个终于逃离了梦境的孩子／在梦外，在跋涉的尘世／将人生又深深地爱了一遍”（三色堇《这苍茫的人世》）。

是的，像一个孩子般去重新爱一遍这个人世。诗人感受着自然的恩典，“像一个刚刚接受了某种赠予的人／在神明前祈祷”（冯景亭《白鹭》），“苍天在上，阿拉善在下／菩萨在左，阿拉善在右”（杨廷成《大地上的事情》），共融于天地人神的大循环——天道——之规律中。就像“一枝野花从石缝里斜出腰身／盛开的花枝炫耀着高贵的金黄”（杨廷成《山崖上的野花》），不以无人而不芳，不因地僻而自轻，“一年又一年地眺望沙漠的春天”。

当诗人把自己置身为大世界中的一员，便能从平等的万物中观照自身，正如佛学中“一花一世界，一叶一菩提”般明心见性。“高高的苍穹下／居住着成群的蝼蚁／它们忙忙碌碌／寻找着过冬的食物……然后运用高超的智慧／可以轻松消灭远方的蝼蚁／只是，防不住入穴的洪水／还有渗入肺部的毒流”（路军锋《聪明的蝼蚁》），这些聪明的蝼蚁何曾不是诗人给自以为是、自我中心的人类之画像。

具有独立精神者，难免成为乌合之众所遗弃的孤独者，但正如《世说诗语》所载东晋名士殷浩所言“我与我周旋久，宁作我”，殷浩选择不与喜争强弱的桓温相类比，只做自己。而诗人在一个“世人皆睡的中午”，选择与一只独行的蚂蚁相关。“再孤独的世界总会有同行者……它和我／只是另一个被各自世界遗弃的孤独者……在这种／时光里，只是一只蚂蚁选择了我／我选择了一只蚂蚁，就是这样”（大枪《一只13点15分的蚂蚁》），而无关与有关此时就是一个具有独立人格者，基于价值观与人文精神的自由选择，正如鲁迅的“无穷的远方，无数的人们，都和我有关”（《且介亭杂文末集·这也是生活》）。

作为具体的人，往往难以摆脱在大潮流之下，被左右的命运，唯有脚踏实地，发现当下与个体的意义，自我救赎，才是智慧的根本。“这些低调的清道夫／一般人不会发现，只能被我们的慧眼看见，并赋予／它们草本的属性，和奇妙的药理。惟其如此，我们／在人世间，临水而立才会心安理得，才能，不去／跟眼前的句子，谈论黄河与大海的深浅，存在的／荒芜感，与无意义。正如合而为一的先验性／在此处，被反复证明，无论它多么平淡与无趣／如果在入海口，一切有关生死的隐喻，都不值得我们依赖”（远村《罗布麻》）。在众声喧哗的环境下，唯有返归无杂念的本心，聆听内心与自然的声音，才能澄心照万象，浊世见洞天。

这些缘起于身边事物的诗意，让我们看到了智慧的人性之光。就像禅宗倡导的“立地成佛”，是对佛教教义进行的世俗性和可操作性简化的格义，它打开了让更多人向善的方便之门。有的人接触了西方现代观念，生搬硬套，完全丧失了从身边事物中汲取智慧与包容运化的能力，难以在生活与精神之间互相融通，只能故作姿态或教条化罗列，故难以见其真，感其诚。生吞活剥的搬弄容易枯燥虚妄，而格义化融的鲜活更能从善如流，再生新质。就像幼年时期所拥有的灵性直觉，往往能在生活中所见皆诗。而大部分人在走向社会的过程中，因浮世尘埃的蒙积和社会各种条条框框的规训，逐渐丧失了灵性，只有少部分人在自我养护和修炼中存续了下来，并日益精进，重续感知万物的童心。持守日常的涵纳运化之功，是一种万物融通的东方智慧，就如一名没有受过多少教育的乡村妇女，到了大都市，她所能买到的用于拜神时所用的纸扎、供品已与其本土物品大相径庭，但她却能毫无障碍地随地而变通，无缝对接地改用了代替品。可见，敬神在于持守仪轨之诚心，而非执着于某物的文化思想深扎于民俗，使脚踏实地解决问题，过好每一个日子，成为生活常识般的智慧。同理，“修辞立其诚”传统美学倡导的正是文品与人品的水乳交融。

从生活中开掘出一条走向诗意的通道，“终南七子”分别从各自的叙事，不同的角度；从自然事物，存在物的感知中通达心灵的自由之境。从所遇所见的事物中观照万物大世界，正如我的诗观所说的，从存在里发现诗，从诗里发现更理想的存在。如斯往返。诗人们从精神求索落实到行动上，并从生命本身的价值探索中反哺精神，最终达到身与心的双重自由。将闪烁着智慧之光的人性与慈悲的佛性融汇运化而归于自然性的通透之境，是为大自在。而持守平常与敬畏天道的自我约束，是一种日常的修为。正所谓：久久为功，超凡入圣。

第七章

词语的出走与神游

第一节
绷不住的……

当我们说起一个重要诗人时，往往会说他是具有鲜明风格的。但当一种风格太过鲜明时，风格就会成为一种模式，这时读一百首诗就像是在读一首，审美疲劳便产生了。这时的风格已成为一种“侵扰”，正如苏珊·桑塔格所说的：“风格是艺术家侵扰其素材的证据，而他们本该听凭这些素材自己以一种纯粹的状态传达出来。”[1]

一个有挑战和创造精神的诗人，他会尽量抑制本身的风格化，让词语由着自由的心性往前走，使作品呈现出既有自己的独特印记，又不致遮蔽每一首诗自有的纯粹性和区别于其他的异质性。大卫的诗歌正让我感受到这种既拥有自己的印记又异彩纷呈的品质。走进大卫的诗歌剧场，我试图借用一些“道具”来印证其诗歌的丰富性。

一、执扇公子大卫

阅读大卫的诗，我反复地想到折扇，他的多数诗歌甚至大多句子都具有完整的结构，但是又了无痕迹，宛若折扇的开合，率性而潇洒。

比如《拒绝合唱》这首诗，整体初读下来就像水从高处下来一样流畅；细读之下则可看到一个由点到线，由线至面，继而重返至点的线索。从“他们的歌声实在美妙”这个点开始，下面拉起了歌声为何美妙的线索——“整齐。激越。雄浑。嘹亮／他们一群人被一个人指挥／该高音时必须声调上扬／该拉二胡绝不能／让笛子独奏”；接着，第二节又从“他们听话”这个点开始拉开线索，形成第二个线群——“像幼儿园的小朋友／只要老师嚅动嘴唇／就把手背在了身后／我是一个老跑调的人／我知道跟他们唱一声部／别人是听不出来的／哪怕哼哼／哪怕只对对口型”；这两个线群合起来就形成了一个面，这时，大卫把它们束起来打了一个结，宣布“但这样的合唱让我难受／在闭嘴与跑调之间／我只能选择其中的一个／我就要独自唱歌了”，这一节就是诗眼，也就是折扇的穿钉处，有了这个眼，一把扇就真正成形了。但仅仅成形还是不够的，大卫还要把它的余韵还给它，也即钉眼之下的小扇形，那就是诗的灵魂——“唱错了你可别笑。你看他们／明明是一群人／却硬要装成一个人／而我始终是我自己！”为什么明知在闭嘴和跑调之间只能选一个的情况下，“我”还要选择独唱呢？因为“我”要坚持住的，就是一个独立独唱的自己，而不是成为一个没有灵魂的传声筒。这时，也许有些读者会想到，公子手中的扇，既是风雅、可用之物，又何曾不是一件武器。

二、感性与性感的核电站

瑞奇·马丁昔年的“电动马达”不知点亮了多少人的激情，他那边唱边舞，甩胯摆臀而又优雅有度的四射活力迷倒了不少的歌迷，他已成为性感二字的最好注释。而说一个人的诗歌性感，是不是有点奇怪？那就先看看这些诗句吧。“三千青丝，每一根都是我的／和大海比荡漾，你显然更胜一筹／亲，我爱你腹部的十万亩玫瑰／也爱你舌尖上小剂量的毒”（《荡漾》）；“爱你，就像一个动物园／哪怕门关了／还可以用老虎爱你，狮子爱你，犀牛爱你／用牙齿爱你／舌头像个核电站，从此我用嚎叫爱你”（《喜悦因过浓而产生盲目……》）；还有《午后的献诗》《早晨的献诗》（系列），这些诗就像拥有比十万马力的发动机更惊人的核能，我在设想着大卫的爱人碰到这个核反应堆的情景——怕是连一句“我晕”都来不及说就已晕倒在他怀里了吧。

性感是一种由内而外散发出来的美，正像这些文字以大卫的方式呈现出迷人的气质。也宛若他笔下的玉兰，有花之清韵，人之娉婷。“每一朵玉兰都要往白里开／直至把自己一点一点地开碎”（《再次写到玉兰》）；“写着写着就写到了一个女子……写她百合一般的腰肢，丁香一样的笑容，写她的双手像《圣经》”，从这些诗句中我们可以看到动心和动情，当一个人爱上另一个人，便会全副身心地去爱、去付出、去呵护，“知道她需要温暖，可不知得释放多少热量／才恰到好处／作为一个晚起的人，从来不想灼伤一棵乔木／在秋天到来之前／我得维护这片纯洁，直至她自己纯洁得要撑不住了”（《第三次写到玉兰》）。这与那些露骨、摆肉、卖器官的写作不同，这些带着情感电流的诗句，唯其有敏锐的感性、深厚的感情才能爆发出这般高贵的性感来。

三、空椅子

有个脑筋急转弯的题是“比海还要宽的是什么？”答案是人心。姑且不管此题的测试目的是什么，但最宽阔的还真是人心。人相比于自然是多么渺小，但胸怀世界，心系万物，这种宽阔是无边无际的。大卫说“内心剧场是个多么大的假设 / 我顶多是它的一把椅子”，是的，大卫的内心就像一个宽阔无边的剧场，他的“自我”就是一把空椅子，语言则是穿上红舞鞋的舞者在这个随时可以扩大为舞台，也可缩小为一个立足点的基座上独舞。在大卫这里，语言显示了它清晰的独立性和自足性，仿佛不是诗人在借助语言表达，而是语言在自己往前走，并自动拐弯、自觉立定。

“提前到来的霜，让一部分树叶 / 先红了起来 / 你要的宁静尚未拆封 / 曾经紧紧地紧紧地拥抱过 / ‘曾经’可以省略，‘拥抱’也只是 / 彼时的感觉 / 现在只剩下‘紧紧地’与‘紧紧地’”（《阅罢》）；“母亲，你去了哪里 / 冥冥之中，难道还有谁 / 比我更需要你……当每一种治疗哮喘的新药问世 / 母亲，除了你 / 还有谁能提供原版的咳嗽……母亲，这些年来如果不是你 / 守住这个地方 / 我又到哪里去寻找故乡”（《某一个早晨突然想起了母亲》）；“除了你—— / 没有谁可以让我更寂寞 / 没有谁可以让我更辽阔”（《感恩》）。

从这些诗句中，我们可以看到，是语言在自行溢出、自发奔流，这是诗人涌动的情感和那蓄积已久的创造力相互碰撞而形成的井喷。正如诗人自己的诗句“远山绿得要绷不住了”，是的，绷不住的激情，绷不住的语言，绷不住的爱。

四、大卫的整合重生式诗歌艺术

走出了剧场，在余韵缭绕中反观大卫的诗歌，越来越明确的就是：大卫的诗歌在当代诗歌中是别具一格的，他创造了一种整合式的诗写方式。

拆迁是我们这个时代的生活中一件普遍存在的事实，我们甚至还看到逼迁、野蛮强迁的事情。诗人以其敏感的触角和转换能力，将“最不讲理的拆迁公司”所具有的丑陋行为在巧妙构思下转化成狂热爱情的指代，语言在这里产生了大于其本身的诗意——“当你像一座午夜的城池躺下 / 我就是那个最不讲理的拆迁公司 / 扒了你的长街，刨了你的小巷，推了你的厢房 / 小小的卫生间也不放过 / 胯骨间的十万匹豹子更要轰隆隆地铲去 / 就是要把你拆成一个高贵的废墟”（《喜悦因过浓而产生盲目……》）。爱与拆迁，这完全不同的两件事情在“疯狂”这个点上重合，而它们的审美却是相背而行的。爱情因为狂热焕发出灿烂的光芒；拆迁因野蛮而惊心动魄，美与丑在整合下互相映衬，达到了更加强烈的张力效应，这是一种悖论式的“对称之美”，这种美已超越了所写之事物，它是重生的艺术之美。

这是一种将身边的生活图景和经验转化成诗歌语言的能力和诗艺，与大卫长年勤恳耕耘和近乎苛刻的写作自觉是分不开的，他对诗歌结集的谨慎与他丰沛的创作量很不对等，但我们也由此而看到了他对自己的严格要求和对诗歌的虔诚，恰恰是这种严谨的态度磨砺出了他写作上的独特性。

大卫的语言融合了书面语的优雅性和口语的自由性，从而达到了对新旧事物入诗的裕如表达。这种任由语言自如挥洒的方式也赋予了哲思性的诗歌一种举重若轻的灵动——“所谓命运就像那位迟到的观众／磕磕碰碰地摸到跟前／有一份子似的，什么也不说／就一屁股地坐了下去／并把身子下意识地挪了挪……如果最后我也离开／那就算作彻底的清场／彻底的空空荡荡”（《内心的剧场》）。当“自我”与命运一起坐进那把时间的空椅子时，内心剧场即重归于大自然的混沌之中。这，不正是杜甫所说的“篇末接混沌”嘛。

注释

[1]［美］苏珊·桑塔格：《沉默的美学》，黄梅等译，海口：南海出版公司，2006年，第31页。

第二节
神游性写作：自成一统歌且吟

神游性写作是与现实保持一定距离，从不或几乎不曾涉及社会事件与个人生活细节的写作，是作者自我精神上的放松和对纷纭社会现实的一种抵抗。写作者把自己从社会角色的程序与规则的桎梏中解放出来，让自我遨游于精神的天地。这种写作上的神游正与社会角色上严格的程序要求相反，如斯放任诗思的纵横驰骋，无疑是一种使自己免于被社会角色工具化的自救。

我把陈陟云的写作命名为神游性写作。从陈陟云诗歌所标示的创作时间可以看出，他把诗歌与工作的界线划分得非常清晰，白天上班，晚上创作，两者互不侵犯。这是一个对工作负责，也对自我负责的人。工作更多的是一种责任，特别是作为法官的这种社会角色，负有更加沉重的责任。他对工作题材的刻意回避，可以说是一种“诗性正义”[1]的体现，不在工作之外流露自己的态度与僻向，对事件的各方是最公平的。而创作能促进作者的感触机能，防止自己在规则中不断物化和麻木，保持诗性的自由精神，也是对灵魂的自我放养。

一、自成一统的完美主义者

陈陟云自云不涉“公众题材写作和集体写作”，这不无“躲进小楼成一统，管他冬夏与春秋”[2]的自矜。“今夜，躲进一个词里／在那里孤独，失眠，无端地想一些心事／在那里观照事物，获取过程／把鞋子穿在月亮上，让路途澄澈、透明／对应体内深切的黑暗……或者，干脆把皮囊脱成一袭黑衣／脱去一生的长吁短叹”（《躲进一个词》），在无山林可避世的当代，诗人唯有在词语里寻找澄澈、透明的理想地，达成对喧嚣生活的暂时性逃离。或者在诗歌构筑的玻璃屋里以心灯把疼痛转化为良药，进行自我疗伤——“岁月隆起，日益陡峭／触手嶙峋。受伤了／就躲到无人知晓的角落／自个儿包扎，让伤口反向，鲜血倒流／把疼痛点成体内的灯”（《梦殇》）。

从陈陟云的诗歌中可以看出，他是一个完美主义者。他的诗从不使用粗言俚语，且大部分都有结构上的完整性和缜密的故事线索，这与他法学的专业不无关系，虽然他刻意避开了工作所涉及的题材，但其逻辑性却不可抹杀地来自日常工作的思维锻炼。这也许就是人生的吊诡之处，总有避无可避的蛛丝马迹显露出命运的车轨。回到诗歌上，以《玉龙第三国》为例，诗一开始就用“那时，雪线很低”这种讲故事的方式展开，这个故事发生在一个男女殉情的理想地——玉龙第三国。也许这只是一场梦，或许是对一段前尘往事的凭吊。在殉情的背景下，总有不被常人看好的爱不得、弃不能的凄美。“雪当然很白，白得一尘不染／而事一描就黑，像白纸里的黑字／描成别人口中的故事”，唯有在彼此的心里，那共舞的灵魂之爱才是天长地久，不可转移的传说。“窗外，阳光四射，远望玉龙雪山／雪线已高到峰顶”，诗的结尾呼应了开头的雪线。诗人通过回望与叙述，从“雪线很低”到“雪线已高到峰顶”的起（前5行）、承（6～11行）、转（12～16行）、合（末2行），成就了一首诗的完整性，也完成了一场心灵洗礼的过程。《月光下海浪的火焰》也有和此诗异曲同工之妙。

二、心灵密码：黑夜、石头、月亮

诗人在写作中往往会有一些自知或不自知而反复出现的图腾式词与物，我把它称为心灵密码。陈陟云的心灵密码是“黑夜”“石头”与“月亮”。

“已习惯于半夜醒来，独坐窗台／掬一把微光，洗涤脸庞／把岁月的灰尘，弹给夜色……偶尔一缕风／穿透内心的石头，带着清澈的冰凉／但都不要紧／此刻，我只习惯于安静，简单／当生命也成为身外之物／活着，已不是负担”（《习惯》），“夜”是他用以拂去岁月灰尘，带来内心宁静的空间，而石头是一种坚硬的社会现实，诗就是他在石头内部的黑暗中开出的花，诗学的精神之光让诗人拥有让“生命也成为身外之物”的勇气。

有时，石头作为人性的弱点，在克服与被克服之间游移，“这个晚上，打点一生的狼藉……柔弱，或刺痛／空气中，继续升起和散开的，是人世间的盲点／删除灵魂，和灵魂所有的轨迹／有灯也没有用。这个晚上／我只抱着石头取暖，已不在意增加的／是孤独的硬度，还是生存的重量”（《打点狼藉》）；有时，它是放不下的一段情，在心里生根发芽，化为一生的魅影，“这些天，他老是想到心魔：它是石头／前世，化生为少女／伫立河边／相遇时，她说：抱我过河吧／抱起了／过河了／却再也放不下了——／石头的根须／布满了他的心脏！”（《心魔》）；有时，它是诗人含石成珠的内核，“为了承受更多的重负，在身体的支撑部位／植入石头；为了爱，让泪水倒流／……深嵌在身体内部的异质石头，或异态泪水／坚硬而易碎，透明而不再流动／这悲剧性的非晶态固体，轻易剖解生命的成分”（《体内的玻璃》）。

“月亮”则更多是属于爱情的，“亲，秋风的爪子有没有在你身上留下抓痕？／你看圆月那无辜的脸！……我知道我已步入凉夜，凉夜如纸被风撕而不置一辞／我知道我满满拥抱一夜秋风却拥不住你的名字／我知道我久久冰立的躯体，已溶为一地水迹”（《秋》）；“两个相爱的人，像两颗撞击的水滴／溅落海滩。生命的短暂，不可遮蔽相爱的久远／……而展望海面，月光的开阔就是情感的开阔……两个相爱的人，只是两颗瞬间的水滴／在一个夏天的子夜，他们的爱情／被赋予月晕的色泽，留给疏忽的目光，和删减的情节”（《月光下海浪的火焰》），它是思念的代名，也是情爱的见证。

心灵密码有时候是诗人赋予词或物某种精神的象征，有时候就是对不可言说或无法言说的事物的一种隐晦表达。

三、松弛之美与紧绷之魅

陈陟云诗歌的抒写形式，基本可分为两类，第一类如《周末，陪母亲在水边散步》《沉重的对弈：两手间》《沉痛的对望：两性间》《沉默的对话：两代间》《松赞林寺》等，这类诗因为有了生活气息的渗入和敞开的内心而有了情感温暖的色调，不像他大多数诗歌那样以抽象思维主导，仿佛在诗中绷着一根弦。如果以舞蹈来形容的话，第一类诗就是奔放的现代舞，更容易把读者带入其中。第二类就像时刻踮着脚尖的古典芭蕾，因保持着一定的神秘性而具有镜中花的可望而不可即。当然，第二类是一种古典的气质，并无好坏之说，只是在于受众的多寡。

“不难想象，在巨大的天空之下／母亲和我，是怎样微小的两个点，沿水边移动……幸好此刻，我伴着身罹绝症的母亲／在一泓湖水的光影中，还能触摸代代相传的气息//我强忍泪水，仰望天空／在巨大的天空之下，母亲和我，沿着水边，缓缓前行”（《周末，陪母亲在水边散步》），一切的隐忍，左右顾盼与展望未来，都是为了掩饰心中的痛和对母亲的爱与不舍。以巨大的天空映衬微小的人，一种生命在时间长河中的苍凉感油然而生，与此同时，诗人借助诗思跳出个体的情绪，以代代相传这种远距离的历史性眼光来俯瞰人类的生生不息，既是对个人遭遇的告慰，也是对个体痛苦的超越。

“用仿若镜框的僵硬臂弯，和作为镜靠的一生善良／拢起，并拼凑这破碎的生活／然后，等待且恐惧着／随即的破碎”（《沉痛的对望：两性间》），此诗抓住了生活中的微妙之处，将不可言说付诸言说，揭示人与人之间“破镜重圆”之后的战兢与不可避免的裂痕。

人生在世，悲欢离合，很多事情无法选择。从《沉重的对弈：两手间》说出责任与内心向往的不可自诀，到《沉默的对话：两代间》——“你我之间，如果相隔痛苦的大海／就让所有的海水注入我胸腔”——所流露的舐犊之情，无不焕发出一种人性的体温与真诚的光辉。

当一个人放下了身上固有的角色定位与自我囿困，他必将到达更加广袤的天地。“这些天，我一直在努力模拟一只瓶子／撕去标签，倒扣／把自己彻底倒空//再转过来，承载／松赞林寺天空下的这一片虚空”（《松赞林寺》），诗人在这里敞开自我，身心俱静，诗绪闲适松弛，语言也随之简洁，呈现出精练的张力之美。

《前世今生》组诗则是第二类抒写的典型。该诗以“薇”为倾诉的对象，倾尽世事、情事、酒事……“薇，飘雪或落英中，我们的舞步浑然天成／如笔锋在宣纸逶迤，思绪在书卷婉旋／两只蜻蜓的影子，落入花蕊的迷城／雨点的极致，在天意的水面／荡开涟漪”。此间的“薇”显然不只是佳人，还是“琴弦猝断后／指头之血滴落天阶”的知音，正是“酒逢知己饮，诗向会人吟”[3]，世上若得此人，真乃不可多得之幸运；若为虚拟，也堪载诗情与幽怀。

是否每个男子都有古典情怀的才子情结，并在想象中演绎过才子佳人，缱绻情深的美景？或许她是才子心头的那颗朱砂痣，因为青春时期“未及说出的话语落入虚空／今生错失，又是千年”的错过而永驻心间。“薇，回来，我们把纯洁的忧伤交还血肉／用痛楚的荆棘，编织优雅的残忍／在短暂的现场中守护一朵火焰／正如在漫长的缺席里，坚持一种升华”“只有钟摆的苍老，预示相爱的短暂／一生只照亮一秒，一秒几乎长于一生”，这种缺席的升华是理想国里的相爱，而爱一旦上升到理想的状态，则已在时间长河里永存，不管过程多么的短暂，它已是一个传奇。这唯美的心灵之舞，为诗人构筑了“在一阕词或一首诗的韵脚里栖息”的灵魂之寓所。历史题材和长诗往往容易落入大而空的窠臼，而陈陟云在长诗中设置了具体对象“薇”，使言说有了一个立足点，并以“爱”这个永恒的主题作为串线，再辅以哲思及时空的穿插和戏曲唱词般的语调，避免了空洞傲慢的大而无当，呈现出戏剧般的叙事特质。

陈陟云的诗写是知性的，既有感性之优美，也有理性的思维与丰富知识面的植入，但因为他给自己设置了太多写作禁区，有时难免显得逼仄，少了一种轻灵的飞扬。换一种说法是，过于入神地神游，所以少了出神的意外之美。

注释

［1］［美］玛莎·努斯鲍姆：《诗性正义：文学想象与公共生活》，丁晓东译，北京：北京大学出版社，2010年。“诗性正义”概念出自此。她认为：“比起抽象的正义理论，司法中的中立性往往更为具体、更为即时、更具对抗性和更为敏感；一旦裁判者有所偏颇，无论是法律问题还是案件事实问题，都会立即引起当事人和相关受影响群体的不满。”

［2］出自鲁迅诗歌《自嘲》诗句。

［3］出自《增广贤文》。

第三节

互联时代的穿越之诗

不按常理出牌是梦亦非一向的作风，照他的话说是“创造另一个与现实世界不同的世界”。当梦亦非把《儿女英雄传》这座玻璃迷宫摆在我的面前，我仿佛看到了一个诗歌界的王澍[1]。在这首长诗中，他以广泛的阅读视野和独辟蹊径的取材角度，选择了《奥德修斯》、克里特神话、《黑客帝国》《爱丽丝漫游奇境记》《尤利西斯》《荒原》和《阿斯特里昂的家》这些来自神话、传奇、电影、童话、诗歌与小说等多个艺术类别的材料，以想象与荒诞般的联结，将这堆零碎“物件”进行重新组合，完成了一个以思想和想象搭建出来的多维迷宫。

一、关键词

在梦亦非的长诗中，一些“道具”若有若无地贯穿于其中，使诗歌的结构既零散模糊又有迹可寻，这里先把一些关键词列出，以便于后面说到它们时有一个大概的印象。

1. 线团：在希腊神话中，英雄忒修斯（Theseus）刺杀牛头怪弥诺陶洛斯（Minotaur）后，弥诺陶洛斯的女儿阿里阿德涅（Ariadne）用线团引导他走出迷宫。

2. 雪球：这里可以理解为诗人把这个虚构的“诗

纪”当作越滚越大的雪球。

3. 羽扇豆：也即鲁冰花，其花语为“苦涩”，可作饲料，同时它也是一种观赏花。

4. 乱码：作为数码时代的产物与符号，它在这首诗里如标点符号般不时出没于字里行间。

5. 三角形的圆：《40回·副歌》中，以三角形的圆为反复言说的主体，却没有指出它的价值所在，只在后缀的词语释义中说到“我将它设置成小价值”。

二、结缔性结构：文本与时代特征的同构

在评论城市诗歌的文章中我说到：城市与时间本来是没有相交点的单独存在，却因为人的存在而形成了间接相系的关联方，并通过独特的表现形式——文学创作，而拥有了记忆。一些优秀的诗人将时间生活、空间生活中得到的个人经验与公共场景、集体记忆糅合在一起，形成了多维的呈现，从而完成了从时段性的场景过渡到历史场景的文学记忆。而梦亦非用了另一种有别于他人的糅合方式，创造了文本与时代的关联，地球村时代的主要特征是互联网四通八达，以无形的网状信息覆盖、影响着每一个个体的生活，使一切附着了碰撞的偶然性，而梦亦非这首诗的独特之处正在于它的结构具有结缔组织般——互相牵扯、联结、再生——的网状特质，构造了与互联时代相匹配的新诗体。

诗人从各个艺术素材中选取了“不同年代、尺寸”的情节或句子作为支架管，用这些节节相连的架构支撑起它的故事空间，每一节管就是这首长诗的构成符号，这些情

节和句子因其原有的故事附着而具有已被认知的透明性，这些透明管互相联结而组成一个个的小单元、小图像，并结网而成大支架、大图景，它们浩浩荡荡地联构起一个庞大的内架，使玻璃迷宫得以矗立，这些素材在他的手中就如动物的结缔组织般，具有极强的连接和再生能力。

梦亦非在《00回·引子》中以三月兔（在《爱丽丝漫游奇境记》里，三月兔是一个疯子）之口说出“爱仅仅作为符号之关联”道出奥德修斯（Odysseus）与崔妮蒂（Trinity）相爱只是缘于诗意的诞生，缘于诗人想创造一个“构成了某种诗歌写作史上的水文地标”的新文本。可以说，梦亦非想创造一个属于他自己的语言历史，于是第一章“创世纪”产生了，而在引子中，“这强制的开始即是结局/数字中的创世”预示了结局又将退回原点，也即没有结局。整首诗就在这样的关联与缠绕中纠结如谜。

诗人以一个疯子的身份，用超现实的虚构建造了一个属于他自己的世界，这个世界里，各个时代的人和自然万物（包括虚无的数码，抽象的程序）相互穿越渗透，“它坐在松树下/设计他的模样，用雨水”（《06回·之后》），这个“他”即是它的“自我”，然而这个自我也并非完全服从于他的创造者，他有他自己的发展方向与受制于其他符号的极限。另一个被创造出来的符号“她”，则“只有打通关才能找到他”（《17回·有时》），这些符号们互相篡入，互相拯救，她必须把《黑客帝国》的游戏打通关才能救出他，像阿里阿德涅用线团救出忒修斯。而在游戏里，死了可以再生（重玩游戏时），生了又可以再死（再次在游戏中死亡），线团在他们的交集中缓缓滚动。

在第三章“物性论”21回，“‘星巴克之前，人们喝的都是污水’/Ulysses，这老骗子的讲述中/他与她初次见面，在星巴克”，诗人让两个新符号——“他”和“她”——在尤利西斯（Ulysses）这个旧符号的唠叨中初次见面，情节随之发展。而在第30回，首句又回到——“星巴克之前，人们喝的都是污水”—— 的原点。阿里阿德涅的线团又出现在这里，由第二章“爱经”12回中滚至此处，这个爱的线团作为两个符号的关联开始精神之旅，却结束于物理的空间这个“没有时间的空间”中。

与神话中的线团相对的是梦亦非制造的雪球，“它虚构这雪球，从木马滚落/它是藏身其中的睡鼠……它因无聊而摆弄的修辞//但人们称之为创造”（《01回·不过》），就像《爱丽丝漫游奇境记》中，茶会上那只终日晕晕欲睡的睡鼠，时间和空间对于它毫无意义，正像雪球滚得多大最终都融化为水滴。“爱的象征——线团”在诗中仅仅作为引起关联的符号，“雪球的象征——时空”最终也只是随着故事的结束而消失的符号，正如特洛伊战争如果没有人受蛊惑而把藏有士兵的巨型木马拖入城中，就不会有战争的结束。因为没有了人与人、人与物、人与世界互相的关联与参照，时空只不过在那里空转。

三、价值虚空的解构和信念的哲学式建构

《儿女英雄传》看似“并没有某个价值系统贯穿它”（梦亦非语），没有预设任何价值探求，只为了实现诗人文本创新的目的，但其中还是不可避免地要解决一些思想在前行中产生的问题。这些思想的丝缕，就以哲学的方

式，抽象地隐匿在诗人设置的一些诗句与符号中。比如“羽扇豆长在言辞的缝隙间”这个反复出现在各个章节中的句子，似乎是一句呓语式的音乐，既如观赏花般的不具实用意义，但同时又让人感受到一种日子不断重复，世事轮转不休的苦涩。宛如电影《指环王》中的指环，人一套上象征轮回的指环，就不由自主地陷入永劫回归的怪圈。

这首名为《儿女英雄传》的长诗，所用的材料中也有奥德修斯、忒修斯等英雄人物，但有趣的是，诗中塑造的主人公却是普通的饮食男女，诗人用脑筋急转弯般的方式，解构了中国式“英雄”在人们心目中根深蒂固的高、大、全——却又并不可信——的虚空形象。

三角形的圆这个不可能存在的设置，本身就是一个哲学式的建构，诗学精神是一种无实际功用的“无物”，但从“三角形的圆有助于减少孤独……有助于，减少黑暗”（《40回·副歌》）的诗句中，可以把它指认为信念，只有坚定的信念才会使一个人无视孤独地一往无前。一个有追求（信念）的作家就是一个三角形，他的本我、自我与超我构成了一个互为影响、互为支撑的三角形。同时他又在信念守恒的前提下，不断超越自己，从零到十，由十返零地追寻诗歌精神的高地，形成滚动前进的圆循环，从而在小我与大我、解构与建构中坚定前行。

而乱码在这首长诗里的出现是空前的多，其中穿插于诗行中的，如《05回·将有》中，“Lalalalala^*&64jh5@!）%$／咀治思僵较冀舆糸因团哞／山巅一寺一壶酒／独1揽2梅3花4扫5腊6雪7”这样像呓语、梵文、音符般涌出的，与“羽扇豆长在言辞的缝隙间”这个句子一样做着无意义的歌吟。在以前所读到的诗中，我也有读到一些以乱码等符号作为不明语言表达的诗。但令人咋舌的是，梦亦非竟在结束篇（《60回·尾声》）来了一个以99%的乱码（共15行）为内容的收尾。这让我想起了艾略特的诗——“这就是世界结束的方式/并非一声巨响，而是一阵呜咽”（《空心人》）。至此，《儿女英雄传》的世界在雪崩般的乱码中结束，一切又回复到混沌初开的无物。

四、结语

放在时间的长轨中，人也如植物一样，生与死的界线并不明显，我们看到一株植物死了，但是，过了几个月它又从土里钻出了新芽，我们眼看它死了，但它又没死。而人作为自然界的一个物种，在自然（或者说“神”）的眼里，人是会死的，但人又存在着；从另外一种意义上来说，无论人怎么样进化，人性却并没有质的飞跃，大多仍处于饮食男女的精神层面，所以前人、后人并没有什么不同。故可以说人是不死也不活的，换言之，超脱了生死的人，也即诗学灵魂，他可以旁征博引、纵横捭阖，熔万世于一炉。至此，我似乎可以理解梦亦非的“集句”成诗，是为了打通个体语言的关节，融成一个既是生又是死，既有他人又有我的诗体。这对于产生一部通感不同国家、不同朝代的思想的诗文本是一种可能，而且对于打破个人语言习惯未曾不是一个好办法。但值得商榷的是，古代虽然也有集句诗的传统，但那是一种众所周知的再创作，整首诗的每一句都非原创，出处也均不同，但组合起来又浑然一体，合成新境界。而《儿女英雄传》的集句是糅杂于原创句子中，则有混淆读者认知之嫌。在网络穿越剧大热的时代，我们不能向穿越剧求真相。《儿女英雄传》这个互联时代的关联文本，也以似真非真、古今混同的方式呈现在我们面前，可以说，它就是诗歌的一出穿越剧，或者，是一个语言和虚构的组合游戏。这种以创新的文本形式来消化传统的方式，也成为一种自由诗写的可能。

注释

［1］王澍：2012年建筑领域的全球最高奖"普利兹克奖"获得者。他用各地收集来的不同年代、尺寸的废旧砖瓦修建象山校区，打破了常规的建筑界限，学生在楼与楼之间行走就像一次次踏入迷宫。

第八章

诗歌地理、乡愁与生态

第一节

故乡·地标·地理

——地理诗意的蹊径

对于诗人来说，故乡包括地理上、文化上（如诗词传统中所构成的乡愁意象）、伦理上（如风俗习性，长辈所传递下来的情感乡愁）和语言上的故乡（比如在用非母语的语言时所带着的乡音和语句，这也是故乡所赋予的胎记）。“故乡”与我们所在的“异乡”两个“心灵标记”是一个相互关联与递进的关系。

寻根意识与源头追溯几乎是所有写作者都会涉及的命题，只是不同的个体有不同的追寻深度。虽然在城市化过程中大部分的诗人已经历了不同程度的迁徙，有的已极少回去原来的出生之地，但那里还承载着诗人幼时或少年时的记忆或父母所赋予的记忆，这个记忆就是诗人的精神故乡。在写作上，本土的故乡已与精神上的故乡合而为一，故乡给我们的影响是潜在的，是家庭教育和地方传统给予我们的潜在影响。潮汕人重视传统文化，有时我会在一些用词或遣句中受阻，觉得有悖于原有的道德与美感，这也是我与出生地保持隐性联系的方式。

从另一方面讲，诗人在地理上的漂泊或心灵上的行走中，自然也有抗拒与吸纳异地文化的过程，他们用疏离隔开浮躁，以旁观或自律冷静心境，并在诗歌的基座上，为自己构筑起一个身心安妥的故乡。诗人走出故乡，又通过诗歌返回故乡、再出故乡，同时又融入所处的他乡，这种身心的历程与融入使视野也随之广阔。从诗歌的修为中超越本土与异乡的范畴而再次出生，此时他乡已是故乡。当我们超越了故乡与异乡的纠结，明白人只不过是世上的过客，我们便能成为行走在大地上的灵魂自治者。

一、出走与回溯

黄金明的写作有神性（超越自我）的追求，但他对土地所具有的深沉感情，使得他的写作更具有大地的气息。从黄金明的《找寻》这首诗中，我们可以找到他缩微的、以思辨方式抒写的精神历程。“我”在找寻着“少年史”中的——那在田野里土生土长，在农村的各种野性游戏中成长的——本我，而在找寻的过程中，“我”从别人的身上发现了自我，也从自己身上看到了别人附着于“我”的自我。现在的这个自我，是“一个我做梦也想不到的人，一个我从来也不想成为的人”，这个“每天都幻想着蔚蓝色的大海”的人已经“不可能返回”率真的本我，他已被修剪为某一造型的“庭园里的果树，像绵羊一样驯服”，而这个走在找寻的路上的——追寻着诗学精神的——“我”却“知道我属于另一个人 / 我将在他的田野上挖掘崭新的自己”。这里的“崭新的自己”也即黄金明所追求的，诗性的、完整性的自己。这就是诗人与诗歌的互为出生，诗人用思辨式的抒写诞生了诗歌，同时在诗意里回溯出生地的过程中又生出了崭新的自己。这期间，无论是“一个乡村孩子手提拖鞋／在泥泞的小路上拼命向我走来”的本我；“庭园里的果树，像绵羊一样驯服”的自我；还是“我知道我属于另一个人／我将在他的田野上挖掘崭新的自己”的超我，无不与土地紧紧地联结在一起。他的《大自然》《反田园诗》《荒诞（或关于处境的譬喻）》等诗篇无不以或沉浸其中或伤感凭吊的情怀抚摸着他深爱的大地，而这大地已不局限于地理的故乡。

可以说，诗人诗写的过程，就是在为自己绘制心灵图境的过程。在华襄的诗中，最常出现的景象是故乡的风物。故乡是游子从心灵迷途上企图回归的故地，而“故乡的院子，院子里的柚子树／柚子树上的风尚被简化了／取消了清晨的鸣叫／省略了星辰，云朵，雨水”（《地图》），被简化与取消了美好自然物的故乡，已然成为被打了折扣的，缺失了爱的地形图。故乡“交错的河网里，看不到鱼儿赖以生存的／场所”，而城市里的“集益湖／长满水浮莲。更多的鱼，潜游着，不为人知”。这里以鱼状人，表达了故乡已找不到适合的生存环境，而在城市中又无法安置自己的乡情，只能与众多的入城者一起陷入沉潜一群的尴尬困境。诗中对故乡旧情的回溯历历在目，“先生／已经老了，而我们尚未／长大，先生说的女鬼／像院子里的槐树一样／陪我们乘凉，经年不变”（《后来》），这不变是诗人不断重温故景使然。而重温正是因为眼前的景象已物非人也非，就连回乡，也觉得“就像换了一种身份”，诗人已成为家乡的旁观者——“他们相亲相爱，润物无声／而我像一只惊起的飞鸟，若在此处爱，多不合时宜啊”（《回乡访友》）——这是城市化过程中主动或被动迁徙的人们共同的心灵困境，诗人已充分意识到了，并跳出了一般人沉溺于赞美故乡或一味批判城市的简单取向，接下来应思量的是如何跳出这一徘徊于城乡之间的迷惘之囿，站在既成事实的此在之境上重新出发，创造更广博的心灵图境。华襄的叙述晓畅真挚，时有机巧之笔，但若要开掘出更坚实的诗路，还须在题材与视野上作一些拓展与拓宽。

二、诗歌地理的诗学建构

在一些刊物中我们会看到设置有“诗歌地理”栏目，也有以地方诗群、民刊选本形式编撰的诗集，它们通常是以生活或出生在同一地理环境的诗人所创作的作品为集结，较难读出其内在联系的精神线索。而诗性的诗歌地理，应是包含在该地理环境下所形成的独特诗歌现象与人文氛围。刊物栏目和选本因为篇幅的局限与偶发性集结的截取偏向，地理识别度难免有所消减，那么诗歌地理的诗学建构路径从何肇始，这里从抒写主体与地理之间、特定地理的聚焦与人文建构上，分别踏探曲径。

（一）个体抒写的诗歌地标

个体抒写的诗歌地标作为建构心象的地理，是诗人心灵气象的寄寓地，具有个人标志性。地因人而名，人因地而生灵气，两者激发互生。

郑小琼向来是具有题材自觉的诗写者，对于每一阶段的写作都有一个特定的目标。从一开始放弃所学专业，进入打工者行列的身份，到有意识地抒写“打工诗歌”，并被贴上打工诗人标签，至撕标签冲动与丰富写作题材的愿望相结合的“玫瑰庄园”写作，再到现代山水的“白云山”写作，可见其写作线索已从紧绷之弦，进入随遇而立意，达至更松弛自由的心灵状态。《玫瑰庄园》组诗中，作为祖母居住地的玫瑰庄园，更多地呈现出其作为幻境式的诗剧根据地的所在。而《白云山》组诗，则是聚焦并使之从现实地理上升为文学地标的特定空间。诗人因为迁居于白云山下，一年间爬了十几次山，便有了《白云山》组诗36首。

不同于古代文人远游式的山水诗，这家门口的山水既是“家珍”，也是“天下”。郑小琼选择白云山这个特定空间作为个人的文学地标，既是顺应生活的精神栖居，也是着意打造的生活飞地。该组诗以细数“家珍”式的绵密絮语，数说景物、景点，以及所观所悟。她在城市里聆听大自然的声音，从聚焦进入禅定，达至洗礼般超脱身处喧嚣城市的麻木，这种因心灵力量的参与而形成的“有力的安静”，是田园山水诗的现代表达。“一枚松果落在我们怀中，你说／它在测试我们内心的孤寂／而此刻，我们坐着，谈论沉重的肉体／露珠样短暂的浮世，不远处／栎树林将它们的身体涌向山顶／几棵野花把身体俯向大地……”大自然花开果落、风摇树斜之密语，与诗人坐而论道，证悟“露珠样短暂的浮世”之禅意，使一切浑然融通，与亘古天地同空寂。心静而觉敏，故更能察幽微见高远，“那千秋微响自杂树林升起／听啊，那高处翻卷的明月与山涧的碎浪／那穿越过无数漆黑之夜耸起的灵魂”，这种诗性的升腾之象呈现出心灵的澄明自由之境。

（二）群体抒写的诗歌地理

群体抒写的诗歌地理，是生长于不同地域的多人，集体着眼于一个地理区域，以不同题材、角度，描写该地的风物人情，比如诗人许海钦主编的《澳角的海》（现代文学出版社），就是这样一部作品。这部书的作者既有福建省本土的蔡其矫、舒婷等前辈诗人，也有小荷才露尖尖角的小作者，还有来自全国各地的诗人们，共同为澳角村描绘了一幅多彩的诗歌地图。作为“澳角的主人”、本土诗人的许海钦，在致力于集结本土诗人作品的同时，持续邀请了不同地方的诗人到岛上来交流、采风，使外来的新质视角与本土的风情互相渗透，形成共建诗歌地理的局面。在不断的交流、抒写和结集梳理中，澳角的精神面貌日益清晰，这样的建构持续下去，蔚然成风指日可待。

1. 建构本土诗意图腾

《澳角的海》这部诗集中的开篇——许海钦同名长诗——把福建省东山岛澳角村的历史以抒情、叙事诗的形式表现，既有历史变迁中的村史进展线索，又兼具生产、生活场景描画，以及抒情与人文景观的建构。窃想，作者是否在写作之前就为自己立下了写一首村史诗（一座渔村的史诗）的定位。一个个时代转变时期的故事，一幅幅生动的现实画面，从他的真切叙说中呈现，从中我们可以感受到他对澳角深沉的爱。“澳角的海　将一个渔村深重的历史铭刻 / 澳角的海　将国家命运与世道人心紧紧联结……让一个村庄 / 写下一个前无古人后无来者的捕鱼记录”（许海钦《澳角的海》），这个海是诞生精神图腾的海，海的神祇就是龙，如果说这本集子是塑造一条龙图腾的开端，开篇长诗就起到了构建脊梁的作用，而所有来自本土和外地的诗人、作家对澳角的抒写共组了其栩栩如生之躯，使其以丰满的形象腾起于澳角的海天之间。

2. 灵魂的飞地

因为地理的特殊原因，台湾与闽南之间有着同宗族同语系而分隔两岸的亲人，故而去乡与怀乡是两岸分隔时期诗人共有的心灵母题，从老诗人蔡其矫的诗里，我们可以读到其对海峡两岸亲人之间期盼相聚的深情寓意，当“彩虹的桥跨两岸”时“让热情的风／吹抚海峡每一波浪”（蔡其矫《海峡的风》）。同时，福建也有许多旅居海外的游子，而当出海已久的游子归来，心灵的安妥让其诗行充满了脉脉的温情，“当海上吹来一件缀满星云的黑衣衫／澳角，这个小小的夜降落了……一切都在幸福中做浪沫的微笑”（吕德安《澳角的夜和女人》）。去乡已久的诗人安琪也在这里找到了血脉相通的强烈共鸣，海是她，她是海。“说不出海浪拍打的海／我不清楚它……海啊海，神到达的身子／常常让我不知所措”（安琪《说不出》）。

海岛的自然风光与内陆不同，礁石、贝壳、鱼篓、船和网都是日常所见，弃置的老船，作为渔村的常见之物，它与海共同存在的意象——“确信沧海一直在他身下／恋人没有离开”（雪克《老船》）——也构成了渔村精神的一部分。而夜晚的澳角民宿，是诗人的梦中仙境，“传说中的美人鱼纷纷上岸／弃置的鱼篓筛漏出／脆弱之星光”（秀实《民宿》）。“自然力的声音是一架庞大的钢琴／一阵阵撩拨我的心／一层层淹没我的心”（哈雷《错过大海》），读此诗句，竟似聆听一颗怀春之心的鸣奏，这是澳角的另一种风情。爱上这里的"每一个夜晚"，就像精神的根借由"古榕树粗壮的根系／抱紧连濛山裸露的石头"（蔡小敏《在东山澳角村》），让来过澳角的人"从此，习惯在每个夜晚……集中力量，想你……"（阵风《每夜集中力量想你》）。

一个地方因为有了扎根坚守的人，而成为离开者心灵之所系，而成为回归的航标灯。"一个人在岸边守望久了／归渔人便有了方向的航标"（黄春龙《一个人的澳角》），他既是一个具体的人，如许海钦；他也是此地的灵魂和氛围，如心灵的归宿处。"于是，我们带走了部分韵脚／根植在内心深处的回响中"（程增寿《澳角即景》）。"当我落笔，风要走了波浪、涛声／多少年就写一件事：舀海为酒"（林茶居《破晓术》），豪情与友谊筑就了心中一条通往澳角的来路与归途。

综观此诗卷，澳角地理诗学的核心是海洋风气——龙腾浪跃的磅礴之气与浪平渔归时的渔火熏风——从诗集中可以初步感触到这一诗风的流荡。"长出九个头的航标灯来……被诗烧掉命运者／推动巨大的风石者／只身在这儿找着辽阔上升的下葬地"（道辉《在澳角村遭遇火球滚过天际》）；"我看到一根绳子正努力把海拉上来／力量跳跃着，风被石头挡住／一块石头的神秘性正裂开来"（康城《揭开海》），这些隐含的力量和许海钦诗中"十八个农民／在屋里偷偷地按下颤抖的手印"的澳角人精神形成了其雄浑的部分。而另一部分，正如舒婷走在《澳角村的海湾》所感受到的——"好像走动在一支渔歌中"——予人以熏风般的温情。这部书还收录了部分抒写澳角的散文随笔与评论，它们共同组成了一个丰富的地理景观，可以说，《澳角的海》既是在为澳角村立传，也是诗人、作家友谊的见证，同时，诗歌地理的诗学探索之帆也正在升起。

由于历任村领导对人文建设的重视及诗人以许海钦为首的热心人士的推动，澳角已形成了独特的文化现象，作为一个小渔村，不但有以村史展室、诗歌摄影展厅、海峡艺术馆、海柳雕刻展厅等为主的文化阵地，还组织成立了澳角渔家诗社等一系列文化队伍。这些以民间力量为主的文化建设正呈现出蓬勃的生机，持续创作出版了一批批作品，并连续被评为“全国文明村”“全国民主法治示范村”“中国最美渔村”等。人文建设也是乡村振兴的一部分。

对诗歌地理的诗学建构，除了独特文化现象的形成与地缘所具有的独特风物呈现——比如从诗集中，我们知道了澳角的风动石，动物礁、风土人情和历史等——还可以从语言角度切入，用方言入诗，也是在诗歌中凸现更具地理特点的元素。之前本人在探索粤东诗歌特征的时候，也提出可以选取方言中能够从字面上被读者所理解的，或从上下文的联结中可以意会的那部分语言入诗，使诗歌语言带上地理独特的音韵，像屈原的《楚辞》，就是一个典范性的样本。另外，也应注重纳入现代化之下海岛、渔村涌现的新生事物，这既是对信息爆炸时代同质化诗写的规避，也是诗写创造性文本的追求。

第二节

做一个递光者

在有造物主的地域，造物主说“要有光”，便有了光。而在没有造物主，或者说精神源头的神圣幽光已在现实中暗淡的时候，则需要具有光源性精神的递光者，来接续、传递神圣之光的火种，从而照亮我们的生活。

生活是多维度的，至少包括时间、空间、价值生活三个方面。人存在的期间、日常活动及所经历的环境是表层的，也即是狭义的社会生活；价值生活是人活着的价值、生存的意义及人类的终极追求。一个有使命感的诗人或作家，他所致力探索的也正是这个层面的生活，并同时让价值生活的光芒辐射到周围的人和事物中去，共同达到和谐圆洽的完整境界。[1]

在这个信息爆炸、众声喧哗的时代，《裂开的星球》这首数百行的长诗，如何抓住读者的注意力？作者吉狄马加显然在结构建设上是下过功夫的。诗以设问揭开帷幕——“是这个星球创造了我们 / 还是我们改变了这个星球？”——就像抛出了一个辩论题，让你启动思辨的双轨，顺着草蛇灰线去追寻论点及论据。虎作为彝族风俗中驱灾迎祥的原始属性，在这里成为叙事的肇始，起一个源头性的象征作用；虎同时作为族群古典创世史诗《查姆》

中的精神图腾，带着文化的观照，带着神性的眼球所洞察的“创世元素”，则成为作者举起的取种火把和借来的慧眼。

当前全球自然灾害频发，貌似与个体无关，因为“不是我们每个人都有明确的罪行”，但是正是“善恶缠身的人类”共同进行的能源、资源掠夺，使灰霾压顶、天空变低，而其本质正是因为人类价值坐标的失衡与缺失，无节制的攫取使地球生态失衡。到处出现的地陷、海啸等地质灾害是物理性的星球开裂，是大自然的自我修复赶不上人为破坏所出现的障碍；而不同政体利益、宗教及价值观所造成的开裂则是地球村的人文撕裂，所造成的是各自为政、闭关锁国，甚至引发战争。

随着量子学的发展，人类发现我们已知的物质质量只占宇宙的4%，其他的存在我们一无所知，无从了解。就像电影《神奇动物在哪里》[2]所呈现的情境，这个世界除了庸常中的人与万物，还有魔法世界中的人，有暗物质和魔法动物界等肉眼中不存在，但又存在着的一切。所以，人与被掠夺的他者间的“这场战争终于还是爆发了，以肉眼看不见的方式”，微生物在全球长驱直入、无须护照，向人类进行无差别攻击。

科技的过度应用祸福相倚、因果相循，“在这里每天都有边缘的语言和生物被操控的力量悄然移除。/但从个人隐私而言，现在全球97.7%的人都是被监视的裸体”。小众语言的荒废失传，生物基因被违反公序地人为敲去，大数据无所不在的监控收集，都是双刃剑，正如政治正确的尺度一般，各国都难以做到适可的范畴。作者说“我尊重个人的权利，是基于尊重全部的人权”，这看是悖论，实则是以大爱为前提，唯有在公序良知的前提下，存异议、求合作，人类才能克服困难，共同前行。

“哦！幼发拉底河、恒河、密西西比河和黄河，/还有那些我没有一一报出名字的河流，/你们见证过人类漫长的生活与历史，能不能/告诉我，当你们咽下厄运的时候，又是如何/从嘴里吐出了生存的智慧和光滑古朴的石头？”从不同的人类文明史中，我们能否寻求并获得一种世界通行的生存智慧与朴素的真理？“治大国，若烹小鲜”[3]，东西方文化假如以做菜来做一个简化比拟的话，东方会说“加盐适量”，更倾向于大而化之的整体大局与接受度的拿捏，偏向个性经验的建立；而西方则会直接告知“加盐N克”，更具备可操作的普遍性，形成规范。这决定了东方因在变化中解决问题而使人无从遵循；而西方则容易因究真而钻牛角尖。由此我们可以提炼出一个通行性的做法，以N克（东方的适量，也包含着这部分）为基准，再按个体口味、族群习惯微调盐量，达到各得其所。这个“N克”是一个共性的提取，正如作者所说出的“人道的援助不管来自哪里，唉，都是一种美德”。这种可以超越政治、国界、族群的基准，是共同的价值生活，不管时代、现实生活如何变换，价值生活是恒在的部分，诗性精神在其中建构、伫立。

诗人自古以来具有胸怀天下的博爱，如杜甫，既有心系家国之心，又存怜悯敬恕之德，《裂开的星球》副标题为“献给全人类和所有的生命”，作者正是对此有所传承与发扬。而诗之于诗者，是在灵魂寒冷的季节，葆有一把火的温暖与希望。陈寅恪先生秉持的“独立之精神，自由之思想”正是其诗性喷薄之光，人因顶天立地的浩然之气而神圣，灵魂因相互知遇而温暖。作者在诗中也坦言：“我精神上真正的兄弟，世界的塞萨尔·巴列霍，/你不是为一个人写诗，而是为一个种族在歌唱。/让一只公鸡在你语言的嗉子里吹响脊柱横笛，/让每一个时代的穷人都能在入睡前吃饱，而不是/在梦境中才能看见白色的牛奶和刚刚出炉的面包。/哦，同志！你羊驼一般质朴的温暖来自灵魂，/这里没有诀窍，你的词根是206块发白的骨头。”精神上的薪火相传不分时空，不分疆界，共同的词根骨殖，凸现出挺起脊梁的承担意识。

“文明与进步。发展或倒退。加法和减法。/——这是一个裂开的星球！……在这里羚羊还会穿过日光流泻的荒原，风的一丝震动就会让它竖起双耳，/死亡的距离有时候比想象要快。野牛无法听见蚊蝇在皮毛上开展的讨论。//在这里纽约的路灯朝右转的时候，玻利维亚的牧羊人却在瞬间/选择了向左的小道，因为右边是千仞绝壁令人胆寒的万丈深渊。”失去约束的黑科技；人类对其他物种的侵占与对不可再生资源的无限猎取，所有的逆规则、逆自然规律的进步都是对文明的伤害，使人类走向危险的深渊，而我们正是其中的一员。正如阿米亥的诗所抒写的：“人不得不在恨的同时也在爱，/用同一双眼睛欢笑并且哭泣/用同一双手抛掷石块/并且堆聚石块，/在战争中制造爱并且在爱中制造战争。//憎恨并且宽恕，追忆并且遗忘/规整并且搅混，吞食并且消化——/那历史用漫长年代/造就的一切。”[4]而那些人为的出于政治、集团利益而做出的丑行，更是在阿桑奇的披露中震惊人心。作为革命化身的格瓦拉与作为和平变革符号的圣雄甘地被以各自的目的奉为圭臬，种种的撕裂与混乱充斥着这个星球不同角落。

“在这里有人想继续打开门，有人却想把已经打开的门关上。”这个门包括国门，也包括网络之门，而暂且抛开意识形态不说，最为直观的是，这个世界在产业链上已形成了相互依存的整体，一台电脑需要多个来源的配件才能完成整体组装，互相隔绝只会造成生活的困扰和引起资源的更严重浪费与紧缺。疫情更是任何“墙”所无法隔绝的，人的意志与自然规律的博弈在此时不得不处于劣势，诗人呼吁：“这是人道主义主张高于意识形态的时候……这是巴别塔废墟上人与万物力争和谈的时候／就是在这样一个时候，就是在这样的时候／哦，人类！只有一次机会，抓住马蹄铁。”在历史的关键时刻，我们如何去做选择，这个选择将影响着我们的未来。人作为地球上的一分子，与万物无疑是相辅相成、唇亡齿寒的关系，我们唯有弥合裂缝、搁置分歧，“唯有现实本身能回答它的结果……或许这就是最初的启示，和而不同的文明都是它的孩子／放弃3的分歧，尽可能在7中找到共识，不是以邻为壑／在方的内部，也许就存在着圆的可能，而不是先入为主／让诸位摒弃森林法则，这样应该更好，而不是自己为大……人类还会活着，善和恶都将随行，人与自身的斗争不会停止／时间的入口没有明显的提示，人类你要大胆而又加倍地小心”。面对困难，人类唯有竖立起命运共同体的宽宏之心，又心存必要的敬畏，求大同存小异，才能在现实中争取和谐共存，共同繁荣。

《裂开的星球》可说是疫情诗，也可说是生态诗，但也绝不仅止于此，它有更为超拔的精神高度，试图在中外文化典籍，多种族文明的融合中追寻光芒，集光成束，用以照亮晦暗不明的脚下之路，并保留在善忘的人类的记忆中；表现出作者借助诗性力量，洞察过去与现在的关联，并用以辅助未来的努力与雄心。这样的努力并非不可为，因为共同的记忆与文化融合的认同会让人们更紧密地团结起来，而不像建立在随时可变的利益之上那般易聚易散。“当东方和西方再一次相遇在命运的出口 / 是走出绝境？还是自我毁灭？左手对右手的责怪，并不能 / 制造出一艘新的诺亚方舟……”这里以左右手形容东西方，正是指出现代世界的依存关系，这种集光的努力是为面对下一次不可避免的挑战筑好命运共同体的防线。诗写者及诗论者因为其感性触发与理性抒写的互相交融，往往对社会价值偏差及伦理缺失具有领先的敏感，故标识及树立起一个精神的标尺，在多元、甚至芜杂的现状中建构起具有审美向度的价值体系，从而辐射到更广阔的社会中去，这是诗者的使命。一个时代的文化乃由一个个醒觉的个体与各界有识之士共同努力与建构而形成，扩大诗意的感知群体，让诗性力量推动人文的脚步，让每一个有独立人格的个体发出人性之光，形成一个文化光束，洞穿侵占心灵旷野的各种黑暗，让诗的光芒在传递中照亮我们的人生。

《裂开的星球》侧重于思想的表达，却并不轻慢表达的技巧，除了首尾的呼应，中间设置了三个以加粗字体标识的节点，起到承前启后，沟通上下的连接作用，使诗思在现实主义与浪漫主义间穿梭，在叙事与抒情中往返。而“哦，老虎！波浪起伏的铠甲／流淌着数字的光。唯一的意志”以头尾往复的呼应，用以隐指天道轮回，并在结构上形成和谐圆洽的闭环，这对于长诗来说，是对结构完整性的完成。同样的两句诗，在开篇作为神谕性启示被作者置于设问句之后，引出古老神性的火种，而到了最后，它成了全诗的结尾，火种已通过传承者的接续，而形成了数字化的光，由光纤的波段从网络传向世界，传递着铠甲般坚韧的诗性意志。这是对开篇设问的接续，也是对问题的有力回答。

注释

[1] 林馥娜：《旷野淘馥·诗论卷》，广州：花城出版社，2011年，第58页。

[2] 英国导演大卫·叶茨执导，J.K.罗琳编剧的奇幻冒险电影，讲述了神奇动物学家纽特·斯卡曼德离开霍格沃兹魔法学校后，为了寻找和保护神奇动物而进入纽约期间所发生的一系列冒险故事。

[3] 老子：《道德经》。

[4] 耶胡达·阿米亥：《人的一生》，凌丽君、杨志／译。

第三节 生态诗写作的语境、诗境与现代生态观

生态诗歌的写作，在国外部分发达国家发展得较早，因为社会科学现代化的脚步同样也影响着环境生态与文化生态，而国内也有一些分散的生态诗歌写作，但明确提出并付诸实践的地区在广东。清远市2003年便在当地日报开辟生态诗歌创作与赏析专栏，2008年举办了“生态诗歌研讨会”，2019年又举办了“清远国际生态诗歌笔会”，汇聚了来自国内外及各地的生态诗人与生态诗歌研究者，为生态诗歌的交流与发展提供了更宽广的平台。东莞市也在2019年举办了“森林诗歌节”“观音山国际文学与生态文化座谈会”等，倡导生态文学与城市生态文明建设。广东诗歌界一直有通过传播诗意而形成观念启蒙、形成和谐人文环境的抱负，致力于把诗歌带入群众中，与社会文明建设相促进的举措。比如广州的“新年诗会”“东荡子诗歌奖”、深圳的“诗歌人间”“诗剧场”、粤东的“诗民间”等，通过持续走进各种社区、人群的诗歌活动，进行文化传播与共享，形成良好的文化生态。2018年5月的“全国生态环境保护大会”上，国家强调“要加快构建生态文明体系，加快建立健全以生态价值观念为准则的生态文化体系”。广东这些向下深挖已有资源和向上建构精神

图腾的双向努力，正是在建构属于自己的，同时又具有开放性的文化传统和生态体系。

一、从语境到诗境的现代性表现

生态文明理念化、常态化无疑是城乡发展的趋势与目标，在追求GDP最大化所带来的自然环境恶化与人文价值缺失之后，亟须重新规划可持续发展的文明生态。生态文明的造境在本质上是力图通过圆融式的生态建构，追寻具有现代性的天人合一，使环境、语境与诗境相吻合，产生像古诗与农耕时代相洽般的现代诗与当下生态相融的语境。而环境、语境与诗境这三境所对应的自然、人文生态和诗歌生态也将随之得到发展。

语境的现代性可以“中国山水田园诗”的变革为例来说明。山水田园诗总体来说是在追求一种理想的栖居地与心灵的安妥，这一点是可以守恒的，但在言说上，则须随着时代的变革与现实境况而有所演变，一味地抒写“记忆”中的乡土已脱离了诗歌的现代性，会出现滞后与割裂感。

传统山水田园诗多为对自然景物的描写兼寄隐逸情怀，写景在作品中所占的分量较大。因为处在农耕文明时期，山水田园均为天然环境，故诗人常有天人合一的追求。而在现代，中国乡土的普遍状况是——虽然还有一些自然环境，具有山水田园诗的产生条件，但都处于无可避免的城市化大潮中。故抒写也随之演变为写景与寄意各半，且寄意多为思辨式，既有对美景的眷恋，也有对日渐被破坏的环境的思虑。清远生态诗群中，华海的《笔架山》、唐德亮的《生成》、唐小桃的《行走在静福山是幸福的》都是自然景物与诗思相融的抒写。还有另一部分诗人所抒写的徘徊在城乡之间的惘然之诗。

而随着城市化程度的不断深化，现代人居于山间林中的机遇越来越小，未来山水田园写作的走向将更偏向于表现圆融式的生态景观，注重人与自然的和谐共存。比如建筑设计界在提倡的“理想城市模式”即兼顾田园山水景观，着重城市与大自然因素的糅合；比如佛山梁园等师法自然的园林景观式建筑，兼具可居可游的双重功能。又如，建造兼有现代生活设施的山居，在顺应周围自然环境的基础上，融入现代元素，使其成为舒适度假地，同时注重对地球生态环境的呵护。国外也有一些摩天高楼在每层外墙或某些楼层上留出花槽、花园栽种绿植的例子，这些圆融式的生态建构可以说是人的诗意栖居，落实到诗歌上，应是一种与万物共存的禅意之境，在现实与理想中营造胸有山岳江海、腑生清气式的心灵旷野。“其实　看透世事后 / 你也是竹　卓然而立”（谢克强《郑板桥：〈风竹图〉》），诗人以观画、观史、观世的自省与自适，建立起自洽自足的澄静清境。

二、现代生态观的重建与反思

在生态诗的表达上，是否与当下正在发生的事物有所关联与观照，以及对价值缺失的追问，也即大自然（包括自然景物与人造物的大环境）与现实境况（个体在现实遭遇之中的人文追求）的互相介入与交融；是否具有对大环境可持续性发展的关注，对全人类命运共同体的价值建构，是笔者对生态诗是否具有现代生态观的基础判断。

在文本呈现上，当下诗界中的生态诗多数为从自然生态的角度呈现，针对现代生活方式冲击下的某些破坏性发展的反思和现代化生态观建构偏少。在2019年东莞以森林与生态环境为主题的第三届诗歌大赛所收到的参评作品也同样是自然生态抒写占较高的比重，只有少数作品较好地呈现了现代生态观。

我们今天提生态话题的目的何在？正是因为自然环境与人文精神的恶化与退化需要有识之士的纠偏与重建。诗人对环境恶化所带来的物种消失，以及人们无动于衷，甚至还把生物消亡的加速度幻听为凯歌的现象进行了反思，“难以想象，人类还活在／一群失联的名字中间／每一阵风吹过，我们还把／失踪者的消息，听成／占领和杀伐的凯歌／我们乘坐高铁、宇航船／和互联网飞跑，比地球／跑得更快，与生物消失的速度／同步”（华海《失踪的消息》）。“在一条河流的边上／我开始自己的下半生//大海很近，海水一次次倒灌／平静的河流每天朝相反的方向涌动／我无法接近那几只栖息的白色鸟／它的动与静像生命的逃离与消遣//河面上常常：漂浮着生殖力旺盛的／外来物种，积木、图纸、家具、塑料制品／坚硬的、犹豫的、重要的、消失的／潜行于河水的底部并为河水所消化”（方舟《如何爱上一条河流》），诗人在这里表达的，既是自然的河流在当下挟污带秽的遭遇，也是一个人对生命过程所经历的际遇的隐忍，并更进一步试图接受并消化异物。这种能够立足于当下又跳跃于其上看待生态问题的角度与表达，呈现出看到问题并试图解决问题的现代性追求。

古诗中也有这样的例子，曾经在连州五年的刘禹锡，写过游玄都观的两首讽喻诗便具有该时代的现代性，“紫陌红尘拂面来，无人不道看花回。玄都观里桃千树，尽是刘郎去后栽”（《元和十年自朗州至京戏赠看花诸君子》），“百亩庭中半是苔，桃花净尽菜花开。种桃道士归何处，前度刘郎今又来”（《再游玄都观》）。这个因拥护制度革新而被贬后回来的刘郎，依然坚持其理想，率直不改，数度作诗讥讽权贵，再数度被贬，凸显了其刚正与不羁的个性，尽见其旷达自由的人格。诗中以自然景物的更替与个人当下遭遇相结合，既是对自然生态的呈现，也是对当时官场生态的敞露及对人文精神的追求。同时，这种不逃避现实与勇于担当的使命感对于当代普遍萎靡化的写作不无启示作用。

三、生态理念在不同地域与意识形态间的可通约性

随着互联网普及与全球化的契机，生态理念得以在不同地域、不同意识形态之间传播，在讨论与思考中扬弃，共同维护好大环境已是世界共识。长期以来捕杀野生动物及侵占其栖息地，对生物多样性造成破坏；能源过度开采，全球气候变暖，使极端天气灾害频发。2019年9月至2020年的开端更是火灾、蝗虫、新冠肺炎病毒在全球肆虐，冠状病毒领域权威专家Baric认为：“从2003年至今，17年之内已经有3次严重致病型冠状病毒疫情出现，最近这次更是引发了全球大暴发，这表明生态环境变化和人类活动可能加速了冠状病毒的流行。”那么人类如何以求同存异的前提共同建构、维护具有普适性的价值公约，正是

能否团结一切力量维护人类命运共同体亟需求解之题。

自古以来，诗人就有心怀天下的胸襟，关注并思考着各个时代的问题，也有将自我纳入天地万物间的自省。吉狄马加的《孔多尔神鹰》以神鹰的俯瞰“看清大地的伤口”，“见证过屠杀、阴谋和迫害”，在视野的更高处，以历史的眼光审视过往地域之间、种族之间的问题，以及牢记苦难以免除重蹈覆辙的警示，表达了对自然保持敬畏之心与形成命运共同体的推崇。“人在雾霾中消失／树在雾霾中消失／色彩和曲线在雾霾中消失／寂静弥漫，远方的深渊／让一切漂浮，又坠落／时间陷入重围……也许，伸出手臂／就能唤醒一个姿态／四月的少女／我愿你面带笑容穿过田野”（高兴《早晨，在雾霾中上路》），诗人试图以敲钟人的词语来唤醒足以清除雾霾的风，唤醒超越深渊、改变世界的梦想。“绿化带不隔离向东或向西，／它隔离着，生与死。／普通人常常就特殊在／他们的面目已非常模糊：／所以，你的阴界，怎么会巧到／与我的阳间重合？甚至人性恶／也预料不到，飞起一脚，／死神的软肋都会跟着颤悠好几下。……倾倒到太平洋里的核废料／随着洋流循环到蓝色的记忆深处，／但下一个不会是海鸥。”（臧棣《绿化带简史》）别国的核废料泄漏，可能通过洋流环流而与你相关，那条地缘隔离或心存侥幸的绿化带，并不能隔开某一国、某个人与他者、与死神之间的关联，诗人说“下一个，很有可能仍不是你”，但他恰恰是要告诉人们，下一个，也很有可能是你。一切的列举表面与你都不相关，但又都息息相关，无不指向你与所有人都同属人类命运共同体这一事实。

"口罩已经无法遮掩行径，整个春天／像是撒谎的墓碑／在饿死过哀怨的草坪，指鹿为马／或者下雨／走投无路的麻雀，连同翅膀生锈的剪刀／与青草一起，被哄赶，被淋湿。//天空的蓝色在临终之际，无奈地舍弃／水泥中出生的我们／包括我们雾霾一样有害的名字，比如／龚发财，龚富贵，龚正经……／好在，口罩的玉兰花瓣／是它白色的怜悯／是它帮我们，从天空唯一的眼眶中／流出的泪水。"（龚学敏《玉兰——兼致在新冠肺炎疫情中去世的意大利神父》）诗人以意大利神父在疫情中的献身为阿基米德点，展开对自我处境的自省，并反思一些人性的偏颇面和精神顽疾所带来的恶果，与神父、与被剪去翅膀的天使的悲悯形成鲜明的对比，其中贯穿着诗人对人文精神建设的吁求。每一个单独的人"都抓不住一根救命的稻草 都是给别人送稻草的人"，而正因为人与人之间的互送稻草、共同努力，"因为有期待　我们的日子才如此尊荣并哗哗流淌"（唐成茂《在水之湄》）。

2020年春天发生的事实告诉我们，何种政治形态与国界都抵挡不住病毒的无差别进攻，人类只有放下樊篱，互通有无，才有控制住病毒肆虐的希望。在全球流感共享数据库上，来自世界各地的新冠病毒序列被共享出来，全世界科学家得以据此研制COVID-19疫苗。疫情更凸现了全球命运共同体的大世界需要建立、维护具有通约性的共同价值观，比如科学精神、体育精神、社会契约等，而不以政治与国界为限。同样能跨越地域与意识形态边界的，是诗学精神，疫情期间，英国BBC推出了一部杜甫专题纪录片，为何选中杜甫，当与其人格与诗作所折射出来的人文精神相关，杜甫在遭遇社会困境与人生逆境中，依然能超脱一己之私，葆持着忧家国、爱他人的人文关怀。而能够超越一切疆界的正是互爱，爱让全世界百位明星响应美国女歌手Lady Gaga的倡议，在北京时间2020年4月19日一起“云演出”为全球一线医护募集善款，为宅居防疫的人们唱起*One World: Together At Home*。团结在家，既是每个人的小家，也是与他人和万物共存的大家——同一个世界。在此，万物“快乐地待在它们所在之处，在沙滩上，而不是／被锁在黄金之中”（玛丽·奥利弗《这个世界》，倪志娟／译），这是诗人想写的“一首关于世界的诗”。

附录

多元生态及开风气之先的时代经验

——广东诗歌40年述略

作为近代以来民主革命的策源地，广东涌现出康有为、梁启超、孙中山这些中国近代史上的风云人物，在岭南文化的开放、创新与先进思想推动下进行了历史变革。而20世纪70年代末的改革开放，则为中国的现代化发展打通了道路，最初设立的四个经济特区，广东便占了三个，政策与经济的开放同样是思想与文化的开放，其所孕育的诗歌群体也显示出开风气之先的创造力。广东的古典诗词创作在中国占有较高的地位，在中国诗坛中享有盛誉的有近代的黄遵宪、康有为、梁启超、丘逢甲、苏曼殊、冼玉清等，还有当代的刘斯奋、陈永正等，在笔者近期关于"珠江诗派"的古典诗歌部分进行的梳理编选中，诗艺突出的入编诗人就有50多名。新诗产生以来，广东出现了被称为"诗怪"的李金发，他师法波特莱尔、魏尔伦，采用象征主义的表现手法，被评论界认为是中国现代主义诗歌的开山诗人，为中国新诗艺术的发展进行了有益的探索和尝试。还有欧外鸥、梁宗岱、阮章竞等早期较为重要的诗人。广东处于沿海开放地带，同时也是改革的前沿阵地，社会机制的转变让诗人们更早地触摸到了时代脉搏的跳动。在从农业向工业化、城市化转型的过程中，大量的外来人口入粤，其中也包括诗人群体，这种内外的大融合与广州市民文化的包容性，使创作呈现了多元共存的生态，本文将对改革开放以来的广东现代诗歌发展做一个简略的梳理。

一、线性的诗歌脉络

当20世纪80年代朦胧诗风起云涌的时候，广东正处在商品经济和消费大潮的冲击中，诗人们经历着前所未有的生活变革并思考着诗意的呈现方式。广东诗人基于务实的作风，于改革浪潮中取得满足生活基本需要的前提下，把文学理想、诗学价值作为内心的梦想去追求，营造精神的温暖与闲适，但他们知道一花独放不是春，必须让整个文化环境好起来，让人们生活得更自由，更有尊严，更有价值。因此，许多有识之士纷纷以实际行动进行了诗歌的推广运动。

20世纪80年代，广东的诗人积极响应思想解放的大潮和改革开放的大势，浓郁的抒情成为时代的主调。一批“归来的诗人”积极放歌，如韦丘、野曼、关振东、欧外鸥、岑桑、罗沙、欧阳翎、李士非、西彤、梵扬、易征、陈忠干、沈仁康、左夫、西中扬、叶知秋、钟永和、莫少云、蔡宗周等，以及军旅诗人张永枚、韩笑、郭光豹、柯原。年轻的诗人开始在全国崭露头角，如洪三泰、筱敏、郭玉山、林贤治、桂汉标、黄蒲生、谭学良、郑启谦等。高校的学子也开始乳莺初啼，如马莉、陈小奇、辛磊、樱子、游虹、陈美华、汪国真、欧宁等。

20世纪80年代中期，《海韵》诗刊正式在广州出版发行，李士非、林贤治等为主要编辑，这是广州第一部官办的具有现代诗面貌的诗刊。

几乎同一时期，民间诗社“面影”在广州成立，并编辑发行《面影》诗刊。

1986年10月，诗人、理论家徐敬亚、王小妮、孟浪、吕贵品等在深圳发起了《深圳青年报》和《诗歌报》联合举办的“中国诗坛：1986年现代诗群体大展”，介绍了100多名诗人分别组成的60余家“诗派”，作为引领全国新诗潮流的肇始，影响深远。

进入20世纪90年代，广东大量的诗人开始在全国崭露头角，截至21世纪前10年，广东的诗歌创作出现了蓬勃发展的势头，汇入了全国现代诗歌发展的大潮，在全国诗歌界出现的重大事件和重要活动中，广东诗人从不缺席。这是广东诗歌界最引人注目的时期，明显具有以下“五多”的特点：诗歌社团最多、民间诗刊最多、诗歌活动最多、诗人数量最多、每年在诗歌刊物亮相的诗人最多。

20世纪90年代初期，第三代诗人杨克、胡的清、刘虹、熊国华、方舟等积极倡导城市诗歌写作，带动一大批诗歌创作者。

1998年，杨克主编，于坚、韩东、温远辉、谢有顺、李青果参与，杨茂东策划资助的首部中国年度诗歌选本《中国新诗年鉴》出版，并以“艺术上我们秉承真正的永恒的民间立场”为宗旨，发掘了大量的诗歌新人。该年鉴引发了“盘峰论战”，引发了一场持续时间长、波及全国、影响深远的关于“知识分子诗人”和“民间诗人”的大论战。

2000年，跨世纪的第一天，青年诗人世宾倡议、实施了“诗歌污染城市”的诗歌行为艺术，旨在引起人们对于诗歌的关注和参与。活动在多个城市进行，被媒体广泛报道，全球1000多家媒体转载，《新闻30分》做了专题报道，《新周刊》评之为21世纪第一个重大文化事件，影响远播韩国。

2003年7月，诗人们在经过市场经济的冲击和洗礼后，对越来越侵蚀精神空间的消费文化开始有了反省。世宾、东荡子、黄礼孩提出了“完整性写作”，并集结了大批实践诗人。

1995年8月，广东省作家协会诗歌创作委员会编辑的《广东青年诗选》，由花城出版社出版，共收录162名40岁以下诗人的诗作310多首。2017年6月，广东省作家协会编辑的《广东青年作家诗歌精选》，同样由花城出版社出版，共收录114名“70后”至“00后”青年诗人的诗作280多首。2018年8月，温远辉、何光顺、林馥娜编著的《珠江诗派——广东百年珠江诗派诗人作品选析》，由广东旅游出版社出版。该书收录自黄遵宪、康有为始，至21世纪前10年，广东籍及在广东生活工作的，有一定影响的诗人的代表性作品。其中，改革开放以来的诗人就收录了126名。这些诗选较好地集中展现了广东不同时期的诗人的创作风貌。

这一时期，全省各地的诗人也用编民刊、办网站的方式掀起了诗歌热潮，带动更多的人进入诗歌现场，广州的面影诗社、韶关的五月诗社、湛江的红土诗社、茂名的南国诗社、梅州的射门诗社、深圳的宝安诗社、东莞的海平面诗社等，都兴盛一时。有的诗社坚持了几十年，至今运作良好，如五月诗社。由莱尔主持、工作室设于深圳的诗生活网站，是全国为数不多的且有极大影响力的诗歌网站。这一时期，还出现了民间团体斥资办诗歌活动的行为，使得诗歌的氛围在广东越来越浓郁。

20世纪90年代广东的诗歌热潮以持续不衰的姿态进入21世纪，诗歌创作及诗歌活动进入了一个井喷时期。以民刊为集结的诗歌流派和诗歌活动层出不穷，活动举办方有以作协、刊物和民间组织为主体的各种形式，与会人员不分官方、民间，活动形式也灵活多样，但都以诗歌及研究为主体，以诗人为主角。2003年，时任《诗刊》副主编的诗人李小雨来到广东，在给诗人郑玲颁发该刊2002年度“优秀作品奖”致辞时说：“广东是一个诗歌大省，我们很看重广东的诗歌创作。”在2007年的第二届广东诗歌节上，吴思敬等评论家进一步强调，“广东诗歌的影响力越来越大，说是诗歌大省名副其实”。

时任《作品》副主编的诗人郭玉山在2007年纪念中国新诗诞生90周年的“广东青年诗人笔会”上概括说：“在广东诗歌史上，早期对广东诗歌有贡献的代表诗人有李金发、欧外鸥等。新中国成立后，涌现了韩笑、张永枚、柯原、韦丘、李士非、欧阳翎等一帮活跃的诗人，当时，陈残云还编了《粤海诗选》，可以算广东诗坛的高峰期。每一个时代有一个时代的特点，这要历史地看，不能苛求或仅仅用现在的眼光来看。而80年代的广东诗坛相对于全国诗歌潮流显得相对保守，由于观念不够开放，稍为背离传统的诗歌就受到批评异议，当时创作活跃的有林贤治、洪三泰等。90年代中期以后，通过长时间的孕育，广东诗坛出现了一批有实力的、成熟的诗人，相当数量的诗人在各类主流刊物不断发表作品。如卢卫平、世宾、黄金明、老刀、张慧谋、黄礼孩、方舟、苏一刀、林雨（林馥娜）、粥样等，他们都有一些有知名度的作品。当前处在奋发时期的诗人一般在三四十岁，生活、艺术、思想的积累到了一定程度，是出好作品、大作品的时候了。广东诗歌最好的时期就在现在。”

在《中西诗歌》2004年第2期“广东青年诗人诗歌专号”中，就有114位诗人。也是在这一期刊物，评论家朱子庆在《广东：一个诗歌大省的新的崛起》中说道：“广东诗歌群体所具有的高位强势，在去年（即2002年）《人民文学》杂志推出的‘诗歌特大号’上（第9期），表现得最为淋漓尽致……在该期编发的104名作者作品中，广东诗人占了16名，近七分之一。这个比例相当真实地反映了在此一特定时空中，广东诗群在国内的地位、创作实力和作品水平。”

在2007年第二届广东诗歌节上，时任《星星》诗刊执行主编的诗人梁平描述了这一现象：“广东的诗人，如果要列一个名单，一百人还打不住。在我这四五年的阅读中，起码有八九十名诗人表现出了诗歌的力量。这种气场，促成了广东诗歌健康发展。”

二、开风气之先的诗歌活动与价值建构

（一）诗歌活动与价值建构

2002年，诗人陈朝华、拉家渡等发起了首届“珠江

国际诗歌节”；2003年，诗人陈朝华、评论家谢有顺等发起、创办了“一出生便风华正茂”的首届“华语文学传媒大奖”，通过报媒加“文学周”和诗歌朗诵会这种深入千家万户的渠道，把文学和诗意传播到更加广阔的天地。

身处作协又同时与民间诗人保持密切联系的诗人温远辉、郭玉山，评论家谢望新等敏感地捕捉到了正在涌动的诗歌力量，并开始了诗歌节的发端策划。2004年举办“广东省诗歌创作现状与发展研讨会”；2005年“首届广东诗歌节”的筹划和实施，为广东诗歌的千器和鸣拉开了帷幕。从2005年首届广东诗歌节举办到2010年，广东作家协会分别联合东莞、珠海、深圳三市的文联作协，先后举办了三届大型广东诗歌节，除了外请的嘉宾，参会诗人基本囊括了各地的优秀诗人。广东诗歌节是广东迄今为止规模最大、影响最深的诗歌活动。诗人叶延滨说：“这种连续、接力性的诗歌活动在全国范围来说是非常活跃的，体现了广东省作为一个文化大省、文化强省在诗歌方面对诗人的关注，这种关注会使诗歌在更加开放、更加包容的情况下更加充分地发展。”同时，在众多民刊、网站负责人的努力下，广东的诗歌在开放、包容和多元的氛围下拓展并引领着时代的风尚。诗歌节的举办，对于展示各承办城市的经济、文化发展成就和广东诗歌的创作、研究成果，推动广东诗歌艺术繁荣发展，丰富群众文化生活，促进社会和谐发展，具有重要的积极作用。广东作家协会意在通过诗歌节更进一步地把全省的诗人组织起来，以优秀的理论和诗人为领头，把广东的优秀诗歌、诗人推向全国。

诗人黄礼孩于2004年创立的“诗歌与人·诗人奖”以

一个人的评委方式，放眼世界范围内的优秀诗人，以出版专刊+颁发奖项+艺术演绎三合一的独特形式，创造了一个具有世界性影响的奖项。2014年开始，又一个创举在黄礼孩策划下诞生，以“光芒涌入——2014年国际（广州）诗歌与艺术演绎”为主题的新年诗会邀请了国内外诗歌、艺术界众多嘉宾与会。诗会结合现场艺术装置、沙画、舞蹈和网络传播等多种艺术形式进行多元的诗意呈现。每年举行的新年诗会作为广东的一场文化盛事，已和“诗歌与人·诗人奖”一起，由地域性的诗歌活动走向了国际。由于长年坚持与所作出的贡献，黄礼孩于2018年被广州市人民政府新闻办公室评为“广州城市形象国际传播大使”。

2005年“第一届珠江（广州）国际诗会暨学术研讨会”在广州召开。此次国际诗会由中山大学外国语学院、广州大学外国语学院、广东商学院（现为广东财经大学）外国语学院、广东外语外贸大学英文学院共同举办，外语教学与研究出版社协办。来自国内外的中外诗人、诗歌研究者与翻译者共计70余人参加了此次盛会。诗会的听众则达到近千人次。后续的第二届和小型研讨会，都以学术讨论为主，并出版了论文集，为中西文化交流和诗歌因碰撞而产生新质创造条件。

2007年，正值中国新诗诞生90周年，由晶报社创立的“诗歌人间”提出“让诗回到我们身边”的活动主旨。历届的“诗歌人间”邀请全国著名诗人走进海关、税务、企业等各行业，令诗歌越来越深入深圳市民生活，更多市民将读诗、写诗、品诗作为一种爱好。通过诗歌，人们在社会生活的急剧变化中追求内心的宁静、诗意的生活。

2010年4月，由南方日报社、广东省作家协会和中国移动广东公司联合主办的“诗润南国·2010广东首届小学生诗歌节”在广州启动。这是国内首次举行省级的小学生诗歌比赛，充分体现了广东人敢为天下先、锐意创新的魄力。这种“以诗为教”的教育思想，对弘扬民族文化，涵养民族精神，培育健全和谐的理想人格，提升少年儿童美学修养和想象力、创造力，起到重要作用。

2012年，由诗人、剧作家从容发起的“第一朗读者”在深圳首创，该沙龙融原创演诗、原创唱诗、原创写诗为一体，向社会大众尽情地展示“诗悦读、诗剧场、诗现场、诗聚焦”等精彩环节。在提升城市精神品位和实现市民文化方面做出了表率，成为国内最具探索精神和先锋特色的一个跨界诗歌品牌。

2013年，为纪念诗人东荡子，吴真珍女士出资设立“东荡子诗歌奖”，委托东荡子诗歌促进会负责运作，旨在奖掖在当代汉语诗歌写作及批评领域作出重要贡献的诗人和评论家。该奖设“诗人奖”1名，“评论家奖”1名，迄今已举办四届，分别授予宋琳、桑克、王寅、罗羽4人“诗人奖”，授予耿占春、西渡、钟鸣、朱大可、敬文东5人“评论家”奖。2016年增设“广东高校奖”，旨在扶掖广东年轻诗人的诗歌写作，褒奖已写出一定质量的诗歌作品的广东高校在校学生，迄今已举办两届，发掘了11名广东高校年轻诗人。

广东人的务实精神在诗歌界也得到了充分的体现，绝大部分的诗人都有各自的职业或生意，诗歌创作作为业余的生活为他们带来了精神上的独立与充实，同时也排解了高速行进的生活所带来的焦躁，有一部分诗人更把诗歌通过一切可行的形式渗透进了工作、生活领域，让诗意滋润更多的人。不但文学报刊上有刊登诗歌，许多非文学的专业刊物都辟有诗歌的园地，各行各业也都有不少的诗歌爱好者，他们虽然不写诗，但喜欢接受诗意的熏陶并默默支持着诗歌的推广活动。

广东诗歌界所具有的包容性与就诗论诗、和而不同的根本态度，使广东诗坛在避免无畏的敌对与暴戾的同时形成了多元共存的氛围，在官方与民间建立起一种动态的平衡。中国作协副主席、诗人吉狄马加在广东诗歌节上说："诗人和作家作为人类良心的支撑者，都还在不断地思考人类的命运，思考人在发展过程中的命运和他的生存环境，表现人在整个物质发生极大变化过程中人性的光辉。广东诗歌节应该说极大地推动了整个广东的诗歌创作繁荣和发展。广东有很多的作家、诗人，他们虽然置身在一个物质主义的时代，在一个消费主义的时代，但是他们没有忘记诗人所应该坚守的立场和他们应该表达的特殊的勇气和方式，在不断地写人的命运，写在这个时代发展过程中，人的特殊价值。这是广东诗歌给我们呈现的一个非常突出的特点。"

（二）颇具实力的女诗人群体

女性诗人在广东是一个颇具实力的群体，在诗歌创作、理论建构与办刊、做诗歌活动上均有不俗表现。郑玲、王小妮、马莉等以长年不竭的诗歌创作为后来者做出了表率。晓音集结了当代诗歌史上第一个以集团形式出现的女性诗歌创作群体——《女子诗报》群；林馥娜出版了被广泛引用的诗歌理论专著《旷野淘馥·诗论卷》，该卷被评论家认为是在全国诗歌概况下对广东新时期诗歌生态进行整体梳理的第一部专著，并首创了追寻“审美理性”的批评方法；谭畅则策划了“花神诗歌节”，并提出了“柔软出诗人”的诗学主张。广东外语外贸大学中国语言文化学院成立了女诗人工作室，陆续聘任王小妮、郑小琼、海男、林馥娜、谭畅、戴潍娜、阿毛等20名女诗人进驻工作室，先后举行了“女性与神性——花神诗歌节花神论坛”、诗歌讲座等多种诗歌沙龙，致力于培养诗歌的新生力量。

《女子诗报》1988年12月创刊于四川西昌，随创始人晓音落户广东，后以年鉴形式出版同仁选本。“女人写、女人编”是《女子诗报》一贯的宗旨。“反女性意识写作，建立一个崭新的女性诗歌审美体系”是《女子诗报》试图达成的终极目标。举办了“女性诗歌研讨会”和“年度女性诗歌奖”等活动。为中国当代女性诗歌的创作提供了一个完整而全面的聚集地，同时也为诗歌评论界提供了直接并具权威性的女性诗歌文本。

2010年3月13日，被称为“中国第一民刊”的《诗歌与人》联合广州艺术博物院、广州石磨坊举办了本城诗歌史上的第一场女性诗歌朗诵会，来自广州、深圳、佛山、东莞、汕尾和梅州等地的40多名女诗人朗诵了自己的诗篇。她们以自己的方式为春天歌唱，亦是对“三八”国际妇女节100周年的致意。雕塑家许鸿飞的“女性雕塑展”同时在现场展出，以多彩的艺术形式带给市民美的享受。诗人黄礼孩表示，广东女性诗歌正处于上升的状态，作为一个女性诗歌群体正受到诗歌界的关注。随后，这个属于女诗人的盛会由女诗人谭畅接手续办，并于2015年以“花神诗歌节”为名，采取了诗人见面会、诗歌论坛与跨界互动相结合的多种形式，集结了一批女诗人与诗歌爱好者，实行了文本与生活的互相渗透，形成诗意生活与女性力量的建构与展现。至2018年，“花神诗歌节”已成功举办了九届，引起社会对女诗人群落的关注。

2015年由雪克、林馥娜主编的粤东首部女子诗选《大潮汕女子诗选》集结了揭阳、潮州、汕头、汕尾四地的14名女诗人，使这一地域群体得到了呈现与关注，并由此次的发起而引出了更多沉潜的女诗人，合成一股旺盛的创作力量。2017年，蔡小敏等成立了“揭东女子诗社”，进一步为女诗人提供一个交流与发展的平台。

2017年，由省作协主办，省作协创作研究部与诗歌创作委员会承办的广东诗歌创作高级研修班便以全省具有创作实力的女性诗人为主，70多名女诗人济济一堂，旨在整合多方力量，使诗人们在学习与交流中得以提升，开阔创作视野，以更坚实的步履前行。高研班邀请了全国著名的诗人、评论家授课，首次以“广东女诗人课堂”的形式推出晓音、谭畅、林馥娜、羽微微、蓝紫、吕布布、莫小闲、阮雪芳、朱巧玲、小衣、布非步、杨碧绿、谢小灵共13名广东女诗人的作品课堂，分别邀请杨庆祥、一行、熊焱、王东东、颜炼军、刘波等6名高校年轻的诗歌评论家及编辑分析13名广东女诗人的作品。“广东女诗人课堂”是广东作协推介广东诗人的创新形式，郑小琼、谢石南、林馥娜全程负责班务，并同时联合全国各地31个刊物，先后推介学员作品，起到了良好的促进作用。

（三）打工诗歌：从本能呐喊到价值思考

发端于广东的打工诗歌，一开始便以生活与生命的痛感引起了打工群体的共鸣，进而引发了较为规模化的写作，在全国引起广泛关注，并在各方的合力下成为南方在文学界崛起的独特声音。

打工诗歌的早期写作者多来自一线打工者，这种具有原生态和情感呐喊特质的诗歌，出自一种生命的本能，在具有冲击力的同时也难躲同质化严重的弊病。打工诗歌作为城市诗歌的一种，表达了打工者从乡村到城市后的角色转换及其奋斗过程中的经历，但早期的大部分文本都过于神似，笔者在2006年对城市诗歌的观察文章中，便提出打工诗歌需对文本的模式化有所反思。打工者是城市的建设者，是推动城市化进程的大多数人群，他们像别的人群一样有梦想、有失望、有快乐、有悲伤，也有思想，而不是人们所强调的或在想象中所加与的只有苦难的经验。导致这种模式化的原因有内部的因素也有外部的诱因，比如抒写苦难所获得的道德感；外界同情的关注加持；出版倾向（比如国外出版界对打工题材的兴趣）上的推波助澜，使一些没有清醒意识的写作者停留在题材的便利和既得的自足上而停滞不前。

随着时间的推移，打工诗歌的边界也得到了一定程度的拓展，抒写者从单一的一线打工者到管理者，发展至不同身份的参与者的融入，这使打工诗歌获得了不同角度的展现。而一部分原生态的打工诗人也从个体的小环境中超脱出来，拓展了更宽广的视野。加上新一代的打工者在知识层次和主体意识上已有了大幅度的改变，打工诗歌的边界和深度在不断拓宽，也出现了一些具有时代印记和命运感的作品，从中可以看到精神力量的成长。

打工诗歌写作者中也不乏具有审美理性者，谢湘南的《走在城市与乡村的线上》、卢卫平的《在水果街遇见一群苹果》、方舟的《机器的乡愁》、倮倮的《流水线》，都以不同的角度呈现了打工诗歌。郑小琼《跪着的讨薪者》写到了本应理所当然获得劳动报酬的女工，却要以跪着的方式去讨要，同时还不被处于同等身份的人群所支持和同情，这里既融入了社会事件，也同时拷问着人们的同情心和同理心。她的一部《女工记》从打工者追求幸福的期望与现实的冲突，到他人眼中的打工者形象，再到社会发展到一定阶段打工族际遇的必然性，都有所呈现，这是一种进入到内核的抒写，既是对打工者的全景式扫描，也包含着对女工命运的寻踪与价值思考，且在女工叙事的主线中也包含着隐线的男工的遭际与命运。

《女工记》和其他打工诗人共同积累起来的文本，几乎穷尽了打工群体的各个层面，若要有所超越则必须向更宽广的环境中去开拓新的向度。而在命名上，“打工诗歌”虽然直观，却也束缚了其更多的可能性，打工诗歌其实是属于现实主义写作的范畴，但它更突出的特征是从生活内部敞露出来的“敞现性”，若以“敞现诗派”来概括或更贴近其共性与本质，又更具有延展的可能性。人与工厂，社会，社会中的经济、伦理，乃至世界范围内的共时性事物的关系，都可从中得以展现。无论何种流派的写作，唯有与更广阔的时间空间相联系，才能从中沉淀出诗学的精神价值，而不是作为一种现象而存在。

2017年至2018年，广东省作家协会主办、《作品》杂志社与各地市企业联合，举办了“我们的声音之诗歌进工厂诗歌朗诵会”系列活动。《作品》杂志社阐明了这次诗歌朗诵会的意义，“在于让工人发出我们的声音，这里的‘我们’很重要，那就是一个个最普通的工人”。而诗歌进工厂系列活动无疑是具有创新性的，除了研讨、朗诵会开进工厂的独特之处，与会的每一个工人听众都能在座位上看到自己的名字，此举旨在向中国制造业工人表达敬意，尊重每个人的尊严。

（四）城市诗歌的发展及价值建构

2006年，《中西诗歌》诗刊与一刀中文网联合举办全国范围的“城市·城市”诗歌大展，大展由诗人世宾策划并任学术总监，诗人苏一刀、林馥娜共同主持，做了线上、线下的多方位立体展示。林馥娜执行文本梳理及理论阐释，以论文《城市·诗·记忆》对城市诗歌的过去、现状与未来进行了阐述与展望，并从时间、历史和价值追寻上做出梳理，同时对其发展迟滞的因素做出分析。这种以城市诗歌为主题的多方位展示及学术梳理在诗坛上还是首次开展，是对于诗歌写作在时代前沿的转化轨迹的强调与梳理。这次活动做出了诗歌走向大众的提倡，目的是让更多的人发现存在于此时的诗意和提升城市的人文精神。林馥娜在受邀参加“2017（成都）首届国际诗歌节”时所提交的文论《现实之上的城市》，则是这一主题的延续和拓展。文中提到，现在城市诗已随着社会城市化的不断深入而成为不可回避的，比较普遍的抒写类型。从题材切入的角度来说基本有以下各个分支：①打工诗歌；②描写城市生活、个体日常经验；③公共及突发事件所引起的抒写；④环保等世界主题；⑤有别于其他国家的经验抒写——拆迁题材等；⑥立足于现代化语境的价值追寻与建构。

打工诗歌是其中较早且较为规模化出现的一支，城市生活与个体日常经验也是较为普遍的一支，以金字塔来比拟的话，第①、②层是基数最大的。第⑥层是塔尖上的少数，大部分的诗人还没有这一层面的意识，或者有意识但并未寻求文本上的有效表现。当然，这几个层面也有相互转化、交叉的部分，只是从写作的群体和数量来说有这个塔式的结构分层。

无论何种文化艺术，最终沉淀下来的是其精神价值。诗歌怎样用语言表达时代症候及对价值伦理的审视，需要有溯前启后的意识。创作上的及物与当下经验的处理是城市诗必须面对的，城市发展节奏的快速使诗歌没有足够的时间来沉淀出意象，必须用一些物质、事件与当下经验来标识其发展和变化，而这变化过程中若要提炼出精神价值，呈现人文景观，则需要思想的深度参与，才能形成文本与价值共冶的结晶。在一首诗内部做语象上的开掘，运用词语的多重意味，使其生成具有个性的语言氛围，也即使每一首诗形成一个独特的，有别于其他的意味系统。应是一个可行的途径。

在历史的链条中，一个城市乃至一个民族、国家，如果不注重让自己的文化在延续中不断地重建与衔接——既注重固有的辉煌也融入新的文化元素、形式，以真实的存在让人们对自己的文化有自豪感与融入感，那无疑会在断层中衍变成一种巨大的损失，文化的软力量是不可估量的，它往往在不知不觉中就已渗透到生活的每个角落里。比如写一首名为《信》的诗，“信”作为情感联络的载体已逐渐成为过去式，将其与消费时代物化的快递、互联时代信息化对感情的不自觉淡化、精神意义上的诚信缺失等进行多维的对比，促成对历史的回溯和当下经验的共融，从而提纯出“持续诗写”这种“编年史式”的见证与价值追寻，这既是对当前社会“诚信”缺失的追溯重建，也是对诗性之“真”的期许。诗歌的精神价值建设，与其他社会伦理共同形成具有普遍性的价值钩沉与建构。而诗歌因为其感性触发与理性抒写的互相交融，往往最具有领先的敏感性。一个有胸襟的诗写者，在感受到某物某事的心灵触动的同时，会调动自身的学养系统，与更广阔的存在建立联系，发现当下时代的精神缺失，重塑或拓展未来的精神坐标。

具有价值追求的诗歌就是一列可以连接过去与未来的地铁，它将时间、空间中的生存经验浓缩提纯为文化价值，城市诗歌所构筑起来的穿越时空的价值伦理与形象，就是立于现实之上的虚拟城市，也是理想城市的镜像。

（五）生态诗歌的发端与传承

广东“生态诗歌”的创作也走在了时代的前沿。清远市文艺界立足于自身拥有青山绿水的自然环境优势，自2014年举办清远诗歌节以来，生态主题便一直贯穿于其中。在本质上，清远是力图通过圆融式的生态建构，追寻具有现代性的天人合一，使环境、语境与诗境相吻合，产生像古诗与农耕时代相洽般的现代诗与当下生态相融的语境。每年一度的诗歌节，在给本土文明建设者一个梳理契机的同时，也给外来者打开一个了解、见证发展的窗口。而环境、语境与诗境这三境所对应的自然、人文生态和诗歌生态正在清远得到长足的发展，当然，一个地方的发展离不开热心的推动者在其中的参与和引导作用。

对环境，也即自然生态的关注是一个起点，相对于诗歌界零星的生态诗写作，华海是有前瞻性的践行者，早在2003年，他就在提倡、写作并点评生态诗，且不极限于对自然生态的关注，并在后来的诗歌节上发起“蓝丝带活动”等倡议，开拓生态建设之路，在顺应地理优势的基础上，因势利导，形成“清远蓝”的拓展路径。

语境的构成有外在环境，也有内在环境。由外在的创建文化品牌，致力人文建设，形成现实之上，文明生态之下的环境建设。比如在清新区打造“特色村”，笔者也见证了唐小桃与虎尾村争取协作的过程。而后续也看到了她带领的团队与更多的村落协力打造各具区域优势的人文环境，在遵循自然的同时，予庸常的生活以文明的照耀。使外在环境与内在环境（文化境界）相融通，人文精神便自然贯穿于日常与创作中，而成为圆融和谐的语境。

清远文化界在设立诗歌节所提出的乡土、田园及生态主题；唐德亮等编印《清远蓝》等诗选；马忠等在理论上对本土创作的观照：这些一脉相承的坚持与报刊宣传相结合，营造着属于这个地方的文化特色。而由华海、唐德亮等所引领、扶持的清远诗群，不断有新生力量长成，与评论、小说等其他文体，共同引起了外界的关注，也形成了良好的文学生态风景。三种境界与生态景观的互相渗透与推助在清远这个地方得到相辅相成的发展。

2018年5月的“全国生态环境保护大会”，强调“要加快构建生态文明体系，加快建立健全以生态价值观念为准则的生态文化体系”，清远正走在构建的路上。当今诗界上的生态诗多数为从自然生态的角度呈现，对现代生活方式冲击下的某些生态破坏的反思和现代化生态观建构偏少。期待具有文化、环保、游憩生态等现代文明角度的作品更多地为诗人们所拓展。

（六）让诗人与市民共同发现生活之诗

1. “诗在花城”文化公益项目

2018年6月10日，由广州市文联、广州文明办、南方报业289艺术主办的“诗在花城”文化公益项目启动仪式暨首场诗歌分享会在289艺术园区广州文艺市民空间举行。分享会邀请了杨克、熊育群、巫国明、林馥娜、陈会玲、郭锦生、张红霞、陈坚盈、谭雅尹、张子萱十名生活在广州的从“50后”到“00后”的优秀诗人，带来他们描写广州风情和美好生活的诗作，与市民分享他们用诗歌采集的花城广州的城市气质，用诗歌记录这一座城的回忆，寻找、发现、展示生活中无处不在的诗意，寻求生活与诗歌的结合，传递发现美的情怀。主办方介绍，“诗在花城”将走进社区、农村、企业、校园、军营、机关等，并且充分利用互联网等现代科技手段，让居住在广州的人们感受到无处不在的诗意、身边的诗意。

策划人、诗人欧亚表示，诗歌已经成为展现广州这座国家重要中心城市文化形象的重要艺术形式，成为广州国际文化交流的重要内容，期待“诗在花城”能够建设成为粤港澳大湾区重要的诗歌创作、交流、传播基地，成为国内外优秀的诗人诗作走进花城、服务市民的重要窗口，更希望成为广大市民抒发对生活其间的城市感想感悟、积极参与城市文化建设的诗意平台。

2. 首届广州国际文学周暨粤港澳大湾区文学盛典

由中国作家协会指导，中共广州市委宣传部、广东省作家协会、广州市文联、广州市文广新局主办的首届广州国际文学周暨粤港澳大湾区文学盛典（下称“广州国际文学周”）于2018年12月15日至22日举办。此次文学周系列活动围绕“庆祝改革开放40周年”和“促进粤港澳大湾区文化交流和建设”两大主题开展，其中包括“伟大时代的文学徽章——广州国际文学周暨粤港澳大湾区文学盛典”开幕式、“花城国际诗歌之夜”“回望手写时代——中国现代文学馆馆藏80年代手稿展（广州巡演）”等20多场活动，分布在广州国际媒体港、广州文艺市民空间、广州各大高校及书店。中国作协副主席李敬泽，舒婷、高桥睦郎、文贞姬三位中日韩国民诗人，以及茅盾文学奖得主刘斯奋，日本芥川文学奖得主平野启一郎在内的60多位名家及200多名文学界人士齐聚一堂，为市民带来了一系列的文艺盛会。

三、价值取向与整体景观

综观广东诗歌现场，有因共同理念而形成的诗群，有相对独立的个体诗人，也有因地缘关系而形成的诗群，但不管是何种诗群和个体，他们相互之间也存在着交会与容纳。

（一）集结于共同理念下的诗群

1. 完整性写作

完整性写作作为一个成型的理念，具备了诗歌文本和理论系统的建构，而每个诗人在一个理念的统摄之下，也有各自的表达角度。完整性写作的主要成员有东荡子、世宾、黄礼孩、黄金明、游子衿、梦亦非、浪子等。世宾趋向通过宏大世界中的社会事件与日常事务的互相观照，走向内心世界的完整。黄礼孩通常是以冷静的笔触描绘美与爱的画面，把岁月静好的各种场景呈现出来，并将灵魂的阴冷角落推置于神光普照的安详中。黄金明以思辨方式抒写精神历程，其中贯穿着对土地深沉的感情。游子衿具有澄明、开阔的湖泊特点，让人既看到湖面的浮物，也看到水下的沉潜。梦亦非以对古典的回归形式，探寻深藏于自然与世象中的永恒秘密，并不断在文本上进行探索与超越。浪子的诗歌则追求神圣、历经苦难的救赎意义。这种理念前置性的写作，有防止创作滑向相反面的优点。

而以这种精神修炼结合修辞的力量共同发力，在东荡子这里表现得尤为明显。东荡子的诗歌之所以受人喜爱，当与他所赋予作品的力量感与思想性（诗学精神）有关。他与世宾、黄礼孩共同提出的“完整性写作”理论是他的写作坐标。当然，理论并不是用来指导我们每一首诗的写作，而是我们为自己所归纳和认同的审美方法树立一个信仰般的思想标尺，这把标尺用于防止自己滑向美的反面，同时推动自己无限接近于心中审美理性的标高。东荡子的诗歌有一种演讲式的占领感，他以简短有力的诗篇开门直入式地抓住了读者。有力的修辞是一张拉满的弓，而一旦修辞上的张力与精神指向上的某一主题互相触发，则精神主题的利箭脱弓而射向读者的靶心。像他的《黑色》《宣读你内心那最后一页》《异类》《让他们去天堂修理栅栏》等诗作，都以其紧绷的力量感而直抵人心。“我从未遇见过神秘的事物／我从未遇见奇异的光　照耀我／或在我身上发出　我从未遇见过神／我从未因此而忧伤//可能我是一片真正的黑暗／神也恐惧　从不看我／凝成黑色的一团　在我和光明之间／神在奔跑　模糊一片”（《黑色》）。从未见过神是大众的体验，神在大众的心目中是高高在上的，谁都没有见过神，而东荡子却用“遇”这个字，把神拉到了与人平等的位置上，他让我们领会到，我们随时都有可能遇见神，他就在我们身边，就在我们心中。人有时就在神性和人性，甚至是鬼性（恶念）中穿梭！既然神可以“遇”，为什么我又没见过神秘事物、没在我身上发出光呢？下半阕的诗告诉了我们——如果“我”心存黑暗，则“神”也“凝成黑色的一团”，我们只有规避人性的黑暗面，奔向光明，才可能与神重合，形成神与我一体的“模糊一片”，这时，我们正走在通向光明的路上，呼应了上半阕末句的“我从未因此而忧伤”，因为我们可以用诗学精神修身，走向神性的超我——能够成为发出智慧光芒的我。

诗学精神是神性的、充满美与爱的精神，这里的神性并非指神话故事中所指的那类“神”，从唯物主义的角度来讲，神其实就是人类心目中用以自律、宽慰、提升灵魂的个人宗教。人在神性、人性乃至鬼性中穿梭，诗人需要建构的，正是去除鬼性，拓展人性与神性，让人类的行为（包括写作）及灵魂在不断批判现实、规避黑暗中无限靠近光明和谐的前景。而东荡子的《世界上只有一个》让我们体会到每个诗人都是诗学精神的追求者，是驱散自身的黑暗与世界黑暗的修行者。所有的诗人都是诗学之塔的一块砖，在修炼自己的同时修炼出诗学精神的高塔，修炼出顶天立地的“大诗人”。在天下攘攘皆为利往的时代，一个重拾往昔珍贵事物的异类是多么孤单——“我孤身一人，只愿形影相随／叫我异类吧／今天我会走到这田地／并把你们遗弃的，重又拾起”（《异类》）——又是多么可贵！就算被世俗的阴影拖下水，“可他仍然冥顽，不在落水中进取／不聚敛岸边的财富”（《人为何物》）。这里的“冥顽”，正是一种精神的坚守与人性的修炼。

2. “脑残体”

“脑残体”诗歌写作是诗人老刀等人于2013年提出的，核心理念为“用障碍说话”。在2014年进行多场小范围朗诵及研讨，并颁发了“首届中国脑残诗人光荣称号”给诗群成员粥样。主要成员有老刀、粥样、梅老邪、典裘沽酒等。“脑残体”的提出延续了早期“垃圾派”的命名属性，以崇低姿态追求崇高诗意。但两者的区别在于“脑残体”已从早期“垃圾派”的摔罐式行为转向旗帜式的集结，并进行有意识的文本尝试与理论建构。通过崇低来求高也无不可，需要注意的是提防通向低智的打滑。而他们对于文本的建构意识，还是值得期待的。老刀早期对于乡土深情和底层人民的抒写以其朴素真切见长，提出“脑残体”后有着侧重于当下性、即时性的写作倾向。

3. 垃圾派

以诗人凡斯、典袭沽酒为组织者的“垃圾运动”2004年1月在垃圾运动论坛上展开，他们在论坛上进行垃圾诗歌的写作与中国先锋诗歌的探讨交流，并把垃圾运动的探索发展拓展到小说、绘画、随笔、歌词、散文、戏剧和行为艺术等其他艺术领域。2004年6月，由凡斯编选和筹资的《垃圾运动》创刊号公开出版，其中配发有触目惊心的彩色图片，堪称当代最另类的大型民刊。扉页上印着“就让你们不舒服”（凡斯语）。它给人们带来了诗学、思想和精神等观念以及视野上的巨大冲击与震撼。

（二）独立诗人

从独立诗人来说，王小妮以其语象的独创性与心灵力量保持着她诗歌质地的恒定。语言所形成的意象也即语象，语象区别于意象，意象是一种通过长期沉淀已然成为“约定俗成式”的文化符号，比如中秋月——中秋的月亮已因为附着了人的情意而形成了一个意识中的形象——代表团圆。而语象是每一个人所赋予的、不同于他人的意识形象。“月亮在深夜里照出了一切的骨头。/我呼进了青白的气息。……月光来到地板上/我的两只脚已经预先地白了。”王小妮的《月光白得很》让人、让全世界都笼罩在那一片青白、亘古的静寂中，甚至透出死亡的气息。这使她的语象清晰地区别于他人。

马莉持续着其一向追求的高贵灵魂写作，而她既是诗人也是画家的双重审美让她的许多篇幅具有一种描绘式的画面感与诗意的留白。在诗人眼里，众生平等当无贵贱，但是现实中总有事与愿违的情景，“凭什么要那样呢？主席的名字大一些／诗人的名字小一些。凭什么让诗人／服从主席，而主席不服从诗人”（《凭什么要那样呢》），这是一个敢于说出皇帝并没有穿新衣的孩子，这是一个保持着童真的诗人。正如她所说“诗人的口袋装着自己的价值”。

“林馥娜、冯娜、舒丹丹等女诗人，她们诗中不仅显露着女性特有的细腻、敏锐，而且还有超越一般女性的重金属般的思想品质和深邃旷远的存在主义之思”（张德明《自由的空间与开放的诗学》），但她们的侧重点也有所不同，林馥娜侧重人与万象的互换体验与对时代的价值缺失进行重新建构；冯娜侧重自我与自然的共鸣及记取；舒丹丹侧重场景式心灵交汇的呈现。燕窝则在自我的智性追逐中趋近于万物的吟唱。杜绿绿、陈会玲的诗则有超验与巫性的空灵。

宋晓贤、卢卫平、唐不遇、阿斐的诗较贴近生活，宋晓贤的诗歌出现了一些叙事性、反复、戏剧化和口语化的写作倾向；卢卫平挥洒着机巧式的语言；唐不遇在运词造句中显示了他挥洒自如，不受拘束的品格；阿斐则有一种漫不经心式的针砭之风。他们以诗性的方式处理现实，体现了他们介入现实生存和把握个体经验相结合的综合意识。凌越具有将具象与抽象熔于一体的特点，杨子的暗藏锋芒与江帆的辽阔诗境也自成一格。

杨克呈现时代切面的系列、丘树宏的时事系列、雪克的冷调侃系列、谭畅的大女人系列则具有贴近当代脉搏的共性，并具有传达时代氛围与题材拓展的努力。郑小琼的创作则是具有主题方向的挺进，在原来打工诗歌的基础上深入至命运层面的体验。温远辉注重传递温暖仁慈的感召力与灵性的轻盈；陈陟云致力于跳脱现实之外的神游性写作；张况、高世现偏重于历史叙事与宏大想象的长歌体写作；华海的生态诗；熊国华的微诗等都形成了各自的特色。

（三）地域区块

除了以上提到的诗人，在地缘诗群上，广东也形成了一些活跃的诗歌群体，其中有一些具有较高的黏合度，比如梅州诗群、揭阳诗群、潮州诗群，诗人之间的交流比较紧密，其他则比较松散。

1. 珠三角诗群

珠三角诗群相对于其他地区在人数和活跃度上都相对较高。珠三角因为地缘的关系，社会风气相对于其他地区较为开放，诗歌写作形成了多元并存的特点，从完整性写作、女子诗群、打工诗歌、城市诗歌、军旅诗群、水乡诗歌、脑残体和垃圾派等各树旗帜的写作团体，到大量独立写作的个体诗人，珠三角诗人以其各妍其态的审美取向形成了鲜活的诗歌局面。

广州诗群有郭玉山、安石榴、熊育群、欧阳露、陈美华、李明月、西篱、欧亚、汪治华、林旭埜、黄新桥、苏一刀、周承强、江城、巫国明、温志峰、刘迪生、杜朗朗、海上、闵乐晓、顾偕、安然、巫小茶、旻旻、石文娟、黛琪、布非步、画眉、辛夷、陈坚盈、赵绪奎、罗西、南岩、白度、黄运丰、古海阳、梁智强、赵俊杰、嘉励、申林、何霖、熊文辉、张红霞、林江泉、郑德宏、周扬波、罗德远、杨华之、黄小线、云影、依人，和近期从高校脱颖而出的校园诗人唐明映、黎子、蔡其新、叶由疆、郑智杰、谭雅尹、陈坤浩、戴建浩、谢洋、杨曾宇、吴子璇等。

佛山的郑启谦、包悦、朱佳发、盛慧、肖铁、曾欣兰、乌鸟鸟、严婉儿、张惠、史鑫、梁贻明、洪永争、郭杰广、方羡洲、李桥航、张博明等，还有诗人任意好及其主编的《赶路诗刊》所汇聚的诗人群。

惠州的阿樱、江湖海、李小惠、钟晴、木子红、缪佩轩、仲诗文、游天杰、吴子璇、李晓、程向阳等。

东莞的方舟、百定安、何超群、彭争武、侯平章、黎启天、丁燕、皮佳佳、蓝紫、蒋楠、湘莲子、冯楚、赵原、刘大程、庞清明、知闲、池沫树、陈广城、朝歌、易翔、莫小闲、钟海潮、许晓雯、白玫、程向阳等。

深圳的莱耳、从容、刘虹、黄惠波、赵婧、谷雪儿、王顺健、孙夜、江冠宇、张尔、谢湘南、远人、唐成茂、宝蘭、阿翔、桥、吕布布、大草、临工、苏省、郭金牛、朱涛、蒋志武、朱巧玲、樊子、仪桐、唐驹、花间、陈洪波、晓水、阿谁、阿北、旧海棠、李晃、慕容、庄生、农夫、西楠等。还有近年外地来粤的黄灿然、孙文波等。

珠海的胡的清、罗春柏、一回、盛祥兰、谢小灵、容浩、步缘等。

中山的余丛、倮倮、马拉、王晓波、徐林、李容焕、符马活、罗筱、阿鲁、黄廉捷、刘春潮、王近零、月牙儿、董妍、龙威等。

江门的吴迪安、熊正红、野松、杨于军、宋世安、星草、海瑛、海洋、谭雅尹、吴夏韵、吴凤占、黄晓琳等。

2. 粤东诗群

粤东诗群包括梅州的“故乡诗群”、揭阳的“榕江诗群”、潮州的“韩山诗群”、汕头的“濠岛诗群”和汕尾诗群。各个分支诗群既各自独立，又互相交融。粤东本土诗群阵容与写作水准比较整齐，创作总体上走雅正的路线，题材上具有向心灵拓进的共同倾向，可以说并没有哗众取宠式的突兀写作，而是注重诗思与技艺的磨合，同时也形成了各自的独特之处。近些年来，随着网络的发达与微信的风行，诗人之间的交流与互助促进了新质的萌生与维度的丰盈，使本来地处“省尾国角”的粤东地区的诗歌呈现了活跃的景象。粤东诗歌在长期的酝酿与近期的萌发中，形成了地域特征的雏形，即基于现代技术运用的互助性、基于民刊的民间性与族群认同的黏合性。

近年微信群的兴起使粤东诗群的互助性特征益发明显。各个分支诗群都有各自的微信群，诗人们在其中交流心得，赏析好诗，并常发起同题诗写作。自觉形成先行者带后来者，老诗人帮助新诗人的风气，通过现代技术的即时传播性，达到隔空互助的良性发展。由程增寿任总策划、黄春龙任主编的年鉴类《粤东诗歌光年》以刊物、活动和奖项相结合的形式，涵盖了泛粤东各个诗群的成员，并在活动中形成了互相解读、评析文本的良好风气，对于粤东诗歌发展和个体的成长都起着促进作用。

梅州诗群以游子衿所主编的《故乡》为集结，团结了吴乙一、周华襄、墨痕、傅增荣、陈斌、周旭金、管细周等一批诗人。另外，还有黄新桥等主持的《射门诗刊》，后迁至广州，也形成了一个以阿桃歌、陈其旭、罗琼、黄慧良、姚中才等成员组成的群体，他们在李金发等前辈的诗歌土壤中成长起来，以“次生林”的形象呈现出茁壮的生命力。

揭阳诗群以雪克主编的《南方诗歌》报为起点，团结了阵风、胡童、陈江涛等主创人员，其中孟夏、梁彬、蔡小敏、林程娜、林丽筠、高淑琼、曾庆礼、欧俊勇、阿兽、温科英、杨略、古草、潘舜霞、徐燕辉、魏黛娜、陈海生、杜可风、许小鸣、陈纯莉、罗少杰、小二等都在创作上比较活跃。当地的《揭阳日报》也不遗余力地起着推动作用。

潮州诗群则以《九月诗刊》的主编黄昏和陈培浩、陈崇正、泽平、阮雪芳、丫丫、余史炎、向北、许程明、郑子龙、郑泽森、野弟为主要成员，并在校园的青春土壤中培植出更多新人，集结了林非夜、泽燕、郑智杰、陈润庭等一帮年轻诗人，成长并形成了韩山诗群，呈现了民刊与诗群互相生发推进的蓬勃生机。

汕头诗群主要有陈仁凯、黄春龙、程增寿、肖涛生、小衣、杜伟明、马同成、谢郁珊、李杰彬、刘昭武、苏素、林丹华、林映辉、辛倩儿、陈伊琳、赖俊文等，是基于黄春龙等主编的《粤东文萃》与濠岛诗群的集合。

汕尾诗群的杜青、黛眉、杨碧绿、蔡赞生、王万然、冷梅、林泽浩、覃可、王诗彬、王晓忠、陈思楷、林凤燕、林进挺、林国鹏、老斯、忧乐、谷宁、郑海潮、庄海君等，以原有的《蓝风诗刊》，现有的《大博美》《海内诗刊》为同仁依托。

粤东本土一直有一群在默默地做着促进诗歌发展的义工，他们是雪克、阵风、黄昏、游子衿等这些长期坚守的领头人。近年也出现了一股强劲的新生力量——姚则强、黄春龙、程增寿、余史炎和林程娜等年轻诗人。他们将大量精力倾注于粤东诗歌的发展，无论是诗歌活动的策划、实施，还是网络、微信的推广，他们都满腔热情地倾注其间。而适时对诗歌创作上涌现的新人、新现象和对写作上有新突破的诗人进行研究和推介，也是推动诗歌发展必不可少的力量。

3. 粤西诗群

粤西诗群包括湛江、茂名、阳江、肇庆、云浮等地级市诗人群，乡土深情是其较为显性的特征。较为活跃的诗人有陈计会、阿牛、谭夏阳、杨勇、张德明、刘汉通、黄昌成、梁永利、晓音、张慧谋、吴震寰、羽微微、官演武、刘付永坚、林水文、梁颖、风三城、李之平、白炳安、紫婷子、庞志桂、何春燕等。陈计会等创办的《蓝鲨》诗刊，是一面高扬的旗帜，长期坚持立足本土、辐射全国，形成良好的创作交流作用，同时不定期以选本形式进行精选梳理。还有晓音创办的《女子诗报》，前面已有相关介绍。评论家张德明、向卫国等也为粤西诗群的发展做着持续的推动作用。

4. 粤北诗群

粤北诗群包括清远、韶关、河源地区，诗群在独特自然风光的优势下，侧重于对自然环境的抒写，并由此拓展了生态诗歌写作，关于生态诗歌前面已有介绍。清远诗群的华海、唐德亮、唐小桃、黄海凤、蓝树娇、虞永新、汤惠群、李衔夏、严正、邹业本、林萧、罗燕廷、吴文琴等。韶关诗群的陈肖、桂汉标、冯春华、刘军、王引柱。

五月诗社的社员等。清远、韶关两个诗群的成员有相互的交集，也常有诗歌互动。河源诗群较活跃的有罗志勇、邓醒群、骆心慧、林燕翔、朱安娜、三缺浪人、谢骥、黄贵美等。

（四）整体景观

以上所列诗群及个体虽然所处地域与价值取向有所不同，但他们作为广东诗歌中的分支，总体上来看，还是有一个现代性的融合趋势的。

1. 广东诗歌已从全国诗坛上纷纭的话题性热潮中抽身转向潜心创作和跨界合作，在文本上各具特点与优势，在表现上则糅合了多种艺术形式的共呈，体现出建构性的努力。

2. 从地域性走向融合。我们可以在地区合集和各地同仁刊物中看到，地域性的界线已日渐模糊。广东开放的社会氛围，还有网络的普及性和即时性使各地区几乎能同时共享各种信息，读到最新的诗歌文本与理论，这让诗人们能及时得到参照，使语境的地域性减弱而趋向融合。同时，信息互通的便利有益于规避文本的雷同，也有利于现代性的吸收，起到激发创新思维的作用。

3. 多代同辉，多元异彩。广东诗坛老、中、青共存的现象在以前的评论中已有所涉及，近年更出现了一个少年阶层的诗歌新生代。比如小学生诗歌节中脱颖而出的小诗人王芗远、朱夏妮、何星仪、朱尔等，还有诗人的后代温咚荻、丁林、董其端、高振霆、茗芝等，都在各种诗歌平台与刊物上有所表现。

高校从来都是诗人的出产地，许多诗人都是从校园诗人成长起来的，故高校对诗歌的重视与否对诗歌生态是有影响的，可喜的是在不少高校都有各自的诗社与诗人团体，也不时开展相关的活动，发展诗歌的感知人群。在大学教师中，除了自身的创作，还注重培养诗歌新人、举办诗歌活动的有龙扬志、杨汤琛、李俏梅、向卫国、张德明、陈培浩、杨庆杰、张广奎、刘海玲、伍方斐、何光顺、王瑛等。另外，广州市中学生文联王惠会长也致力于将诗人、作家引进各中学校园，通过名著导读、文学社创作活动等多种方式开阔学生视野，培养文学苗子。东莞文化馆也于2016年创办了“东莞小诗人沙龙”公益项目，邀请诗人及各学科导师走进校园，引导中、小学生阅读与创作，该项目被评为“最受市民喜爱的品牌活动”。

4．在诗歌理论建构与批评上，广东的诗歌理论阵容也属强大。林贤治、蒋述卓、徐敬亚、谢有顺、温远辉、世宾、黄礼孩、林馥娜、梦亦非、李俏梅、杨汤琛、龙扬志、伍方斐、朱子庆、郑润良、张德明、赵金钟、向卫国、陈培浩、黄春龙、马忠、野松、何超群、柳东妩、赵目珍、陈劲松等居于本土的评论家都有相当数量的、有分量的诗歌理论专著或文章见刊。伴随着广东诗歌的成熟、兴盛，广东诗歌批评也呈现了互为指引、互为促进的景观，正如评论家张德明所说，“广东本土诗歌力量持续增长，对于广东当代诗歌批评的发展起着非常重要的促动作用”。

随着广东诗歌的兴盛，“南方诗歌研究所”于2009年6月10日在广东石油化工学院成立。2010年，由南方诗歌研究所和茂名市文艺评论家协会主办，诗人、画家赵红尘任名誉主编、评论家向卫国主编的，彰显南方诗歌理论的《南方诗学》第一辑出版。2009年6月17日，“南方诗歌研究中心”在湛江师范学院也相继成立，对广东理论建构及发展注入了新力量。以南方诗歌研究中心主任、评论家张德明为主的评论团队，更是坚持不定期举行诗歌研讨会，组织国内知名诗评家、诗人为有影响的和有潜力的诗人作品进行研究与阐释。2009年“韩山师范学院诗歌创研中心”成立，《九月诗刊》改版并成为中心的主办刊物，在主编黄昏与副主编李彬、陈培浩的操持下，策划并出版了不同选题的一系列专号，体现了电子时代纸刊的独特优势和广阔的办刊视野，并连续推出“韩山诗歌文丛”专集及合集，使创作与研究相得益彰。“南方诗歌研究中心”与“韩山师范学院诗歌创研中心”都有相应的微信公众号平台，为进一步的宣传展示创造了条件。

5．广东的媒体和刊物对诗歌的助力也不容忽视，这些力量包括对诗歌文本的刊发，对诗歌活动的报道，还有特意开辟渠道扶持诗歌、引领风气的努力。

当前中国诗歌民刊最为发达的地方，正是商业气氛极其浓郁的广东，这正反映了诗人所具有的清醒意识与独立精神。他们通过办刊的形式对商业社会的高度物化进行对抗，同时达到了对精神生命的有效维护。众多民刊的发力同时也形成了广东诗歌话语的重要力量，成为广东贡献给中国诗歌的珍贵财富。

80年代初，潮汕地区创办了多份民间诗报诗刊，其中影响较大的是《啤酒花诗报》，该报由刘子乐（河马）主持，林继昌、温远辉、何雄华等为核心成员，后来陈朝华、吴震寰等青年诗人陆续加入。

1981年春天，姚学正、李克坚、柏桦、黄念祖等人成立广州青年文学协会并以工人的名义创办刊物《五月》（霍俊明《山城的溽热与“下午性格”》）。

韶关的五月诗社成立于1982年5月，以社刊《五月诗笺》为依托。诗社的办社宗旨为：出作品出人才，坚持民间性和草根性，不追风不媚俗，把追寻人生之梦作为五月诗友的基本图腾。五月诗社每隔两周举行一次例行活动，至今依然风雨不改地存续着，现以桂汉标、冯春华等为核心成员。

成立于1983年7月的佛山诗社，迄今已28年，拥有300多个成员，在省内外有较大影响力。首任社长为郑启谦，现任社长为彭乐田。诗社先后主办过《芳洲》及《佛山诗坛》两份刊物，至今共计出版了50多期。

《华夏诗报》创刊号由广东省文联和中国南方图书公司于1985年3月联合编辑出版。编辑部自办发行。社长：马冰山。主编：野曼、柯原、西彤。评论家熊国华等参与编辑。该报的创办宗旨是：期望通过《华夏诗报》为海内外龙的传人搭起一座沟通心灵的桥梁，滋润一代又一代中国心。

1986年《面影》在广州创刊，它从80年代初办到90年代后半期，历时16年，是广州办刊时间最长的民刊，是当时整个广东唯一具有先锋性、实验性的诗歌刊物，也是当时全国屈指可数的几家诗歌民刊之一。《面影》的诗人群体来自牙医、警察、记者、生意人等各行各业，为办这份刊物，每个人都出资，集中后交给其中一两个人具体操办。《面影》发表过全国众多优秀诗人的作品，并被官方诗歌刊物《诗歌报》等多次转载，在广东民刊史上占着重要的一页。说起民刊，《面影》总是被郑重提出，并为它的沉寂而深感可惜。

1988年，在诗人洪三泰等人倡议下，温斌、陈迅等一群青年诗人在湛江成立了红土诗社，被誉为“红土上崛起的诗群”。社报为《红土报》。红土诗社和五月诗社都是在当时颇负盛名的诗社。

射门诗社创立于1989年，同时创办了《射门》诗报。诗社办刊经费最初在社内筹集，几元至数十元到数百元……均是从拮涩的生活经费中挤出，其行动人，其情感人。后来又发起“射门行动”，行动扩展到社外，有商人、学生、公职人员。共筹集经费数万元，2007年正式成立射门基金，并进行运作，从而保证了诗报的正常出版。

包括前面提到的《女子诗报》，这些80年代创刊的民刊为广东民刊的繁荣兴盛揭开了序幕，接踵而来的有近50个民刊及诗社（林馥娜《旷野淘馥·诗论卷》第七章中有详细介绍，这里不赘述）分布在各地，分别在各个阶段为诗歌的发展与交流作出了各自的贡献。

另外，立足广东、澳门，辐射全国及海外的大型诗歌刊物《中西诗歌》的创刊及持续至今的坚持，已成为一道独特的风景。刊物由诗人、翻译家姚风，诗人郭玉山，诗人、评论家温远辉等发起，澳门理工大学中西文化研究所和广东省作家协会诗歌创作委员会合作主办。《中西诗歌》于2002年3月份正式创刊，2005年底珠海作家协会也加入合办团队。《中西诗歌》在澳门和广州分别设置编辑部，并在美国、英国、德国、法国、马来西亚、澳大利亚、西班牙、荷兰，以及中国的台湾、香港等国家和地区设立联络处，诗人温志峰、浪子、魏克、流星子、瓦兰、安石榴、魏克、黄礼孩、卢卫平、世宾、胡的清、林馥娜等先后参与编辑工作。

《中西诗歌》于2006年与一刀中文网联合举办的“城市·城市”诗歌大展，以学术的操作方式展示当代诗人从不同的态度、角度、姿态对他们生活领域的城市的关注，通过展示、诵朗和出版，把诗歌带入公共领域，恢复诗人在公共生活领域的身份。提倡诗歌的多元化的书写方式；提倡诗歌必须对社会变化，对公共生活领域给予强烈关注；提倡诗歌回到广场、酒吧和大众刊物，以及众声喧哗之地——网络。并以文本和理论的相互诠释对诗歌写作在时代前沿的转化轨迹做了强调与梳理，目的是让更多的人发现存在于此时的诗意和提升城市的人文精神。该次大展是诗坛上首次开展的以城市诗歌为主题的展示及学术梳理。2007年8月，《中西诗歌》与《作品》杂志联合在深圳大鹏金水湾举办“广东青年诗人笔会”，30多名活跃于诗坛上的广东诗人对广东诗歌的历史进程与个人创作心得与计划进行了梳理与切磋，让诗人们在总结中明晰历史，在思想碰撞中产生新质。

在每届广东诗歌节期间，《中西诗歌》都相应地推出一期广东诗歌专号，为广东诗人的集体展示提供了一个平台。并通过定期推出的译诗版块和不定期推出的译诗专号，向读者推介国内外的优秀诗歌作品，促进了中外文化的交流，其刊发作品被各大刊物及选本广泛转载。有论者说，《中西诗歌》是21世纪初最具有广东特色的一本民刊，它的特色在于通过诗歌文本对中西方诗歌进行有效的比较、解读与借鉴，它已经成为联系内地与澳门诗歌发展的重要刊物。这样一本双语诗歌刊物在广东出现，进一步说明了广东诗坛的开放性、多元性、世界性，也为“诗歌大省”提供了有力的佐证。

网络传播在原来网站、博客、微博的形式上，又增加了微信公众号这一平台，其中包括诗歌的文本展示、文本推介与朗诵推介，并以其转发、保存的便利性和受众的广泛面而呈现活跃的态势。微信公众号有由广东的刊物、诗人及诗歌爱好者、企业所创设的“飞地”“未来文学”“玄鸟诗社”“旷馥斋”“好听周末”“第一朗读者”“云山凤鸣”“蝴蝶为你朗读”等，都为诗歌的传播与培养诗意氛围起到了积极的作用。

（五）内省、规避与建构

广东民间诗社与民刊的繁荣是有目共睹的，但必须注意的是，一些历史悠久的团体在传承光荣传统的同时也难免落入原地踏步的局限，保持空杯心态是一个诗人、一个团体的发展所需持有的心态，不然就像一杯满满的自我固积的死水，再也纳不入任何新质。

当我们处于“包容共存，流派争鸣”的赞扬声中的同时，也应清醒地认识到，并非策略性地起一个噱头，吸引眼球就能成就一个流派。像“垃圾运动”虽然在网络上轰动一时，并以扉页上印着“就让你们不舒服”（凡斯语）的《垃圾运动》创刊号和另类首发式达到了他们所期待和认为的影响，但是这种摔罐式的行动已把自己钉在了“垃圾”的柱子上。这和某些艳星想通过“一脱成名”而后转型一样，人们说起他们的时候就像议论艳星的爆乳一样只看他们凸现出来的鄙俗部分。而他们也似乎因此更加以夺眼球为荣而忽略了建构更重要的精神内涵和后续展现。树了旗帜，还要有理论建构和文本实验的互相支撑，才能把一个流派发扬光大。有破必须有立，才能真正去芜存菁，成就一个诗派的尊严。

评论家谢有顺说：“诗歌的生态好，也会存在一些问题，它可能会导致有一种诗歌的幻觉，每一个广东诗人都觉得广东的诗歌很好，这种幻觉也会压抑我们对诗歌的绝对精神，至少我所看到的广东诗人，可能在对诗歌的绝对性上，甚至在诗歌写作的勤奋上跟很多地方不能比，所以我们很多地方缺少领军人物的召唤。如果缺少一种历史和土地的情结，也会导致一个问题，就是过于地当下。此时，经验碎片化、感受细微化之后可能会缺少一种纵深感、深度，包括人如何从这个漫长的空间里走过来，后面有一条长长的影子，甚至这个影子可能是阴影，也有像西川先生说的社会主义复杂性如何处理、如何应对的问题，它给我们带来了精神的重压，我想这可能是广东诗学界还没有深入思考的问题。”

诗人、评论家西川先生在第三届广东诗歌节上提出了“中国当代诗歌欠缺的就是当下存在的社会主义经验的处理”的话题，并说到了“我们如果不表达曼德尔施塔姆的痛苦，而表达我们自己的痛苦时，就显得非常捉襟见肘，你找不到一个非常恰当的方式来谈你自己的难过”。也许可以说关于拆迁的“钉子诗歌”是有别于其他社会主义国家的经验，但是必须强调的是，这里所说的经验，是具有高度的精神自治，具备可输出性的、有效的价值经验。不是拆迁和钉子户这一社会现象，而是反对“野蛮拆迁”之类的时弊所表现出来的钉向弊端的钉子精神、公民意识。许多诗人正走在这条探索之路上。

通过广东各种诗歌活动的形式、与会人员及会议主题，我们可以看到官方与民间、人与人之间在诗歌活动中所呈现出来的高于体制、高于生活的互动和互助精神，体现了诗学精神在广东这片诗歌热土中的诗性照耀。广东诗歌现场不同于其他省份之处在于其倾向与大众互动的共享性与普及意识，也更在意生活与诗的结合，从而提高生活质量。广东诗歌的跨界创新无疑是走在全国前沿的，诗歌界有抱负的人士通过各种跨界的介质，营造出一个个以诗为核心的艺术现场，打通精英与大众的边界，传递发现美的情怀，由此而引导大家共同发现生活之诗，以达到缔造诗意人文生态的整体氛围。

此文节选刊于《改革开放与广东文艺40年》，广州：高等教育出版社，2019年。诗人温远辉对该文有贡献。

附录

广东诗歌的整体景观

——读林馥娜《旷野淘馥 · 诗论卷》

改革开放为广东经济、生活、思想各方面带来了冲击，也促进了广东诗歌的繁荣和发展，从完整性写作、女子诗群、打工诗歌、军旅诗群、新城市诗歌、水乡诗歌和垃圾运动等各树旗帜的写作团体，到大量独立写作的个体诗人，广东以其各妍其态的审美取向形成了鲜活的诗歌局面。面对这一独特现象，从中梳理出一个比较全面的整体轮廓并加以具体的描述，并非一件易事。

近日，读了林馥娜的《旷野淘馥 · 诗论卷》，我高兴地看到这本书的开拓之功。它是我所见到的对广东新时期诗歌生态进行整体梳理的第一部专著，其主要特色是：重视对新时期广东诗歌创作多角度、多方位和多流派的整体考察，着眼于对具体诗群和诗人创作风格的现象描述，对所论的每一个诗歌群体和诗人均能从得失双方加以评述，持论比较公允。

这本论文集的第一章“诗歌写作雏议”，是对诗歌的某些内部规律的论述和对诗学理论著作的评述。如《诗歌追寻的本质》《诗歌的语言特色》，是对当前诗歌创作中艺术问题的剖析，是紧密联系诗歌创作实际的，也是她自己创作经验的总结，具有很强的艺术指导性，为后面对广东诗歌的整体考察作了理论铺垫。从第二章到第六章，主要针对城市诗歌进行探讨，第七章“历史行进中的广东诗歌现场”，以诗歌写作在场者的身份，对广东诗歌做了恰如其分的概括，为诗歌写作者和研究者提供了参考。透过该书，我们不难发现，论著体现了新时期以来诗歌评论及研究所呈现的多元的批评态势和向度，比如“城市·诗·记忆”“有性别的触觉，无性别的视野”“当局未迷与放养灵魂”等章节的论述，无不带有心理学批评、原型批评、文本细读批评、美学批评等多种批评的味道。

具体性是本书区别于一般诗歌理论著作的重要一点。一般的诗歌理论或评论，要么侧重于对作品思想的研讨，要么专注于概括性的论析，尽管它们可能是十分精彩的和深刻的，但是，它难以完全满足广大学习写诗的读者的愿望。《旷野淘馥·诗论卷》的作者以其广阔视野与细腻笔触，对诗歌写作实践和诗学理念的建构、全国诗歌概况与广东诗歌生态、个体诗歌创作与社会大环境的相互影响等做了知性的阐述。把本来深奥的理论讲得通俗而又具体，使读者不是望而却步，而是在学得了某些知识的同时，又得到一些具体方法上的启示。本书论述的具体性还表现在，作者每一种观点的出场，总是以诗人和具体的诗歌文本为支撑的。比如谈到诗歌冷调侃的艺术特点，就结合了雪克、阮庆全的诗歌进行分析；在论述“诗歌的在场与诗人的建构精神”时，又是以丘树宏的诗歌为例加以论证……诸如此类，不胜枚举。

诗不仅是最敏感的艺术，而且是最新颖的艺术，是走在其它艺术门类之前的开拓性艺术。《旷野淘馥·诗论卷》的作者深谙诗歌艺术探索性、尝试性、实验性的特点，加之她本人就是诗人，又置身改革开放的前沿，因而密切注视广东诗歌在政治、伦理、文化、美学等各个层面上所涌现出来的新的观念、新的语言、新的表现形式、新的艺术技巧，并通过对个体诗文本的细读而展开对广东诗歌的精神探索。应该看到，面对色彩纷呈的艺术世界，诗歌的研究者们必须同时具备宽广的胸襟和批判的态度：如果没有宽广的胸襟，便无法兼容各种各样的艺术流派，也无法容忍层出不穷的艺术实验；如果没有批判的态度，便无法甄别这些流派的得失，也无法判断这些实验的真伪。在这一方面，《旷野淘馥·诗论卷》的作者充分实现了兼容与批判的辩证统一。

当然，作为广东诗歌的首部总结性研究成果，《旷野淘馥·诗论卷》也自有其难以避免的局限。在内容上，这主要表现在由于受到一些艺术因素的影响和资料收集的制约，该书对各呈其美的广东女诗人的研究未能得到充分的展开，对于个别成就较大的诗人未能列专节加以分析。而在代表诗人及其代表作品的研究上又存在着筛选不够严格的现象。部分章节的论述还可以深入。但愿此书再版时能够予以弥补。

马忠，“70后”，四川巴中人。儿童文学和文艺理论研究者。

后 记

长年坚持写作，虽然有来自内心深处的热爱与信念，但有时也颇觉孤独，感谢每一位在写作道路上，给予我支持和鼓励的老师和朋友。因为有您，我前行的路才走得更踏实。

诗是令心灵觉醒和超越个人困境的精神力量，也是追寻人的存在价值的云梯。通过学习与诗写，我不断拓宽着自己的审美和认知边界，从最初的无意识抒写，过渡到有意识构建自己的创作体系。本次结集是继2011年在花城出版社同时出版《旷野淘馥》诗歌卷和诗论卷之后，再次在诗歌创作和理论梳理上做一个检阅。本册诗歌卷是诗集《我带着辽阔的悲喜》（阳光出版社，2016年12月）付梓之后创作的作品，时间跨度为2016年下半年至2022年上半年期间，其中既有发表于刊物、选本，也有广泛流传于微博和微信公众号的诗作。理论卷所收入的作品，大部分发表于刊物及民刊，本卷做了一个基于“审美理性系统”的增删整合。把诗歌创作、理论梳理与文本研究相结合，是一条不断求索之路。写作既是对语言准确性表达的磨炼，也是一个修心的过程，在生活阅历与心灵阅历的不断拓展中进入更辽阔的人生旷野。

而视野越拓宽就越感知到个体的卑微，没有清醒认知的人很容易成为萨特所说的“他人即地狱”中的成员，被摆布也摆布他人，故我们没有理由不和他人平等相处、待人以善。每个人都生活在社会中，个体生命所感触到的种种，也是时代的一个微小缩影。米沃什说过，“诗歌是一份擦去原文后重写的羊皮纸文献，如果适当破译，将提供有关时代的证词”。所以，我们把人生遭际与所洞察到的时代征候留存下来，互相印证，就组成了立体的时代风貌。诗人写尽天下风云，就是为了树立一个“超我”的人格，彰显诗性正义，丰富生命维度，而所有认真写作的诗人所共同树立的与天地万物同在的大写的“人”，就是诗学所追寻的价值，也即中国传统所指的“天人合一”的人。

诗也是自我与他者之间的善意和爱的回响，因为诗歌，我遇见了许多灵魂美好的人，这些善意与关爱一直温暖着我，感恩这所有美好的遇见!

2022年6月1日　旷馥斋